DX 国际数字化转型与创新管理最佳实践丛书
数字化转型

产业互联网：
全产业链的数字化转型升级

王玉荣　葛新红 / 著

清华大学出版社
北　京

本书封面贴有清华大学出版社防伪标签，无标签者不得销售。
版权所有，侵权必究。举报：010-62782989，beiqinquan@tup.tsinghua.edu.cn。

图书在版编目(CIP)数据

产业互联网：全产业链的数字化转型升级 / 王玉荣，葛新红著. -- 北京：清华大学出版社，2021.1（2022.9 重印）
（国际数字化转型与创新管理最佳实践丛书）
ISBN 978-7-302-57045-5

Ⅰ. ①产… Ⅱ. ①王… ②葛… Ⅲ. ①产业发展－互联网络 Ⅳ. ① F260

中国版本图书馆 CIP 数据核字 (2020) 第 238315 号

责任编辑：张立红
装帧设计：梁　洁
责任校对：赵伟玉
责任印制：朱雨萌

出版发行：	清华大学出版社
网　　址：	http://www.tup.com.cn，http://www.wqbook.com
地　　址：	北京清华大学学研大厦 A 座　　邮　　编：100084
社 总 机：	010-83470000　　邮　　购：010-62786544
投稿与读者服务：	010-62776969，c-service@tup.tsinghua.edu.cn
质 量 反 馈：	010-62772015，zhiliang@tup.tsinghua.edu.cn
印 装 者：	三河市龙大印装有限公司
经　　销：	全国新华书店
开　　本：	148mm×210mm　　印　张：6　　字　数：134 千字
版　　次：	2021 年 1 月第 1 版　　印　次：2022 年 9 月第 6 次印刷
定　　价：	56.00 元

产品编号：088291-01

"着力加快建设实体经济、科技创新、现代金融、人力资源协同发展的产业体系。"

——中国共产党十九大报告

在产业互联网的黄金十年,会涌现出成千上万个垂直产业平台。在产业深处正酝酿着一场数字化的变革,以区块链为代表的新技术将重新定义产业发展的未来。

——作者按

推荐序 1

产业互联网让世界变得更简单

产业、企业发展的关键是处理好供给与需求、企业与企业、人与人、人与物、物与物等关系。这些关系正随着信息化、数字化、网络化、智能化进程，变得易于解决。数字技术、产业互联网、智能产业等是解决这些关系的重要途径，它们让世界变得更加简单。

一、大变革时代催生产业互联网

全球新一轮产业革命已经发生，新技术供给相当活跃，为世界各国发展提供了历史性机遇。以移动互联网、物联网、产业互联网、大数据、云计算、5G、人工智能、区块链等为代表的新一代信息网络技术在研发、设计、生产、流通、消费、运营、维护等环节，以及工业、农业、交通、物流、能源、金融、教育、健康、文化、旅游、应急、政府管理等多个领域的深度应用与广泛渗透，对创新与升级带来深刻影响。全球产业格局与分工的逻辑发生深刻变革，以更有效的方式促进人类发展。

中国是产业大国，经过改革开放四十多年的发展，已经实现了对发达国家在产品规模与数量上的"一次追赶"，但在质量、技术、效率、竞争力、品牌、基础知识和能力等方面仍需"二次追赶"。产业发展还存在结构不合理、质量效益欠佳、产品附加值低、创新能力不足、资源配置效率不高、环境约束吃紧、供应链不协调、要素成本持续上升、产业安全形势严峻、某些地区出现产业空心化等突出问题。同时，一个日益复杂、迅速变化、不确定性大增的世界已经来临，市场需求千变万化，消费热点不断转移，需求个性化、多元化、高品质化以及空间分布的广泛性已使得传统企业面临更大压力和更多挑战。传统的技术、商业模式、产品与组织形态越来越难以适应快速变化的市场。

中国若想在未来全球竞争中胜出，各类产业和各种企业要更广泛地连接市场、感知变化，更快速地反映需求，提供更适宜、更优质、更安全、更绿色的产品与服务,在技术、产品、服务、模式、组织等方面持续创新,不断推进产品升级、服务升级、技术升级、流程升级、管理升级、运营升级与模式升级。而基于网络化、数字化、智能化的产业互联网为中国产业应对挑战、解决问题、把握新科技趋势、推进升级找到了一条切实有效的途径。

二、发展产业互联网意义重大

产业互联网是一种运用移动互联网、物联网、大数据、云计算、人工智能、5G 等新一代信息网络技术,促进企业内和企业间的人、物(如机器、设备、产品)、服务以及企业与用户间互联互通、线上线下融合、资源与要素协同的一种全新产业发展范式。它既是新的生产方式、组织方式、运营方式,也是一种新的基础设施,是新一代信息技术与农业、工业、服务业深度融合的产物。构建强大、智能、安全的产业互联网,具有以下重要意义。

其一,有利于推动中国的产业升级。产业互联网使企业能够统揽全局,畅通供应链,打通上下游,做大生态圈,降低生产流通成本,提高运作效率,实现个性化智能定制。通过数字化、网络化、智能化手段对价值链的不同环节、生产体系与组织方式、产业链条、企业与产业间合作等进行全方位赋能,推动产业效率变革,实质性推动各类产业互联互通,农业、工业与流通、交通、物流、金融、科技服务等互动,推动硬件、物理基础设施与软件、数字化基础设施等一体化发展,推动产业链、供应链、创新链协同,提升产业生态体系复杂性、韧性、灵活性与市场反应能力。

其二,有利于提升产品与服务质量。围绕产品与服务质量不高的突出问题,产业互联网通过技术赋能与构建产业检验检测体系,根据先行指标判断产品与设备的运行状态,预防故障的发生。产业互联网能够实现产品自动检测、全程追溯与可视,实现智能质检,健全企业质量管理体系,全面提高质量管理水平。

其三,有利于产业创新。产业互联网能够推动企业、产业结合自身情况，围绕国家战略、市场需求、未来方向等，更高效地开展开放创新、集成创新、原始创新和颠覆式创新，推动企业创新体系、产业创新体系和国家创新系统的构建，推动政、产、学、研、用、金有机结合的创新生态体系建设。

其四，有利于组织变革。产业互联网能够改变"大而全""小而全"的传统生产方式，按照专业化分工要求，推动企业业务重组、业务外包、联盟、供应链合作等，实现大范围的智能生产、柔性生产、精益生产、大规模个性化定制等。

其五，有利于形成新的经济增长点。中国是世界第一人口大国、网民大国，是全球最大的传统产业市场与最大的新兴经济体。尽管中国的消费互联网发展迅速，但中国产业互联网发展尚处于起步阶段。农业、工业和许多服务部门的数字化程度并不高，数字化工厂的比例仅为欧美的一半左右，装备设备的智能化远低于欧美。这些状况表明，无论是消费互联网还是产业互联网，在中国均有极为广阔的发展前景。作为一项庞大的系统工程，产业互联网的推进,将催生万亿美元的市场,为中国经济增长注入全新的动力。

三、从战略高度加快推动产业互联网发展

中国产业互联网发展应当放在世界新产业革命大潮中来谋划,从引领产业未来发展的战略高度来重点推进。在继续保持消费互联网领先的同时,中国要发力加快推进农业、工业、服务业领域的产业互联网发展,推进农业、工业、商贸流通、科教文卫等领域与互联网、人工智能深度融合;支持互联网企业、信息通信技术企业赋能传统产业;推进产业互联网平台建设,打造数字化基础设施与"产业大脑";推进传统产业群体广泛应用数字化技术、新工艺、新装备和新商业模式,提高生产流通与服务效率,降低生产、流通及服务成本,增强市场反应力。针对大量企业数字化程度较低的状况,推动其完成数字化"补课",推动"互联网+智能+农业""互联网+智能+工业""互联网+智能+流通""互联网+智能+物流""互联网+智能+交通""互联网+智能+健康""互联网+智能+教育""互

联网+智能+能源""互联网+智能+文旅""互联网+智能+应急""互联网+智能+中小企业"等发展,推动"互联网+物联网+5G+人工智能等技术"的深度集成,助力中国率先迈入万物智联新时代。

推动产业互联网发展有一些关键问题亟待破解:一是产业互联网的理论、方法和标准,以及基础科学的支撑;二是信息孤岛问题;三是人力资源建设问题;四是新的商业模式探索;五是完善政府监管。跨界融合会产生许多新业态,要创新规则,加强政策保障,修改滞后的法律法规等。

四、选择一条切实可行的产业互联网发展之路

中国的产业、企业类型丰富,存在多种生产力水平。每个行业、每个企业的发展情况都会有所不同,可用的资源与要素存在很大差异。企业进行数字化、智能化改造,还会增加不少成本。因此,必须要因产、因企、因地制宜,切不可盲目照搬照抄,而要进行系统深入的"成本与效益"分析。企业要反复问自己三个基本问题:发展产业互联网

对于企业来讲要重点解决什么问题？产业互联网会对企业和产业改变什么？如果发展产业互联网，路径是什么？回答好这几个问题，企业就会明确方向、重点与突破口，走出一条符合自身实际、顺应时代潮流的高质量发展之路。

由浙江清华长三角研究院产业互联网研究中心王玉荣主任、AMT研究院葛新红院长所著的《产业互联网：全产业链的数字化转型升级》一书，尝试着对中国的产业互联网发展路径做出设计与回答。该书对产业互联网的理论与实践进行了系统而深入的归纳与分析，见解精辟，是当前国内有关产业互联网研究领域颇具分量的重要研究成果，可供广大业界人士借鉴与参考，相信一定会大有裨益！

魏际刚
国务院发展研究中心产业经济研究部研究室主任、研究员

2 推荐序

从最早的产业资讯平台算起,产业和互联网的结合在中国已经有二十多年的发展历史,可以说中国产业互联网的发展史也是制造业信息化水平不断提升、由制造向服务转型诉求不断增强,以及商品流通市场不断变革的演进史。经过这些年的迭代创新和竞合发展,产业互联网已经走上了良性成长的快车道,智能化水平和生态属性进一步增强,和产业端的融合更加紧密,受到了各方的高度关注。2020年4月,国家发展改革委、中央网信办在《关于推进"上云用数赋智"行动 培育新经济发展实施方案》中首次正式提出了"产业互联网"概念,将产业互联网上升到了国家战略层面。随着时代的发展,产业互联网作为新型基础设施,必将迎来更好的发展机遇。

产业互联网依托现代信息技术应用,可以促进要素高效流动和优化配置,解构和重构传统供应链,有效解决信息不对称、市场不确定等问题,实现供应链高效协同,助力传统产业转型升级和供给侧结构性改革,助推中国经济高质量发展,是代表未来时代发展趋势的新业态、新模式。

平台化、智慧化、生态化是产业互联网未来发展趋势。"平台化"就是通过泛在连接和资源共享，实现传统产业业务上平台；"智慧化"就是通过新技术集成创新应用，打造数智化供应链；"生态化"就是通过互联互通和工具赋能，实现生态圈网络协同。欧冶云商股份有限公司（以下简称欧冶）成立五年多来，朝着"平台化、智慧化、生态化"方向不断前行，努力打造第三方产业互联网生态平台，通过持续开展商业模式和技术应用创新、制度和管理创新、生态治理创新，欧冶已经成长为产业互联网领域的头部企业，在钢厂端资源对接、中小用户集聚、智慧供应链服务创新、线下物流基础设施构建、多维度信用体系打造等方面形成了核心能力，助力高质量钢铁生态圈建设。

目前市场上关于产业互联网方面的图书寥寥无几，王玉荣女士和葛新红女士编写的这本书既有理论高度，又有实践指导意义，确实让人眼前一亮，结合欧冶自身在钢铁产业互联网领域的探索和实践，更有一种强烈的感同身受。我经常和员工讲，要深刻理解产业互联网的底层逻辑，这是做好业务的前提。我们要以用户需求为导向，用降本增效的数据说话，凭高质量服务立足。这本书结合竞合理论、竞争边界理论、价值网理论、平台生态圈理论、和谐管理理论，对产业互联网底层逻辑进行了深入阐述。尤其是用产业互联网价值公式、建设成本公式、估值公式三大公式简洁表达和衡量了产业互联网的价值和发展规律，我认为非常有创造性。欧冶于2017年和2019年成功实施了两轮股权开放，并推进与品牌钢厂、物流商、金融机构等战略投资者的业务协同，实现了市场价值的快速增长。投资者和市场对欧冶价值的认可得益于我们对接了大量可在线的钢铁生态圈产业资源、可闭环的"四流合一"供应链服务。平台商业模式逐步得到市场认可，实现了可持续的产业运营，这与书中的估值公式是一致的。正如中国宝武党委书记、董事长，也是欧冶创始人陈德荣所说，"欧冶没有竞争对手，只有合作伙伴"，欧冶将携手广大生态圈伙伴，实现合作共赢、协同共治。

"万物得其本者生，百事得其道者成。"产业互联网的"道"就是开放、协同、共享、智慧，共建高质量生态圈。产业互联网拥有广阔的市场空间和巨大价值创造潜力，产业端场景也更加专业和复杂，相信只要坚持创新有道、协同发展，我们一定能开创产业互联网更加美好的未来！

赵昌旭
欧冶云商党委书记、董事长

推荐语

产业互联网如今被寄予厚望，因其体现了互联网、数字化迈入更深层次的发展阶段，也因其有助于应对时代巨变和新技术浪潮下的许多新挑战。

产业互联网不仅仅是一种新型基础设施，我更倾向于把它看作价值创造的一种新型组织形态，从产业生态的视角更系统地认识问题，重塑而不是颠覆，更不是完全替代现有各产业链上的价值创造过程，它混合了层级组织、网络组织、市场组织等不同的组织方式和机制，并采用了大量数字化、智能化的技术，确保相互兼容、协同增效。

产业互联网若不负所望，还要跨过两道坎：一是要切实应对当下面临的挑战，提升单个产业链以及整个产业生态的价值创造效益；二是要探索出能够促进产业生态活力的包容性、混合型新组织形态。迈过这两道坎可能需要反复试验、多次迭代，而无法事先理性设计出完备方案；如果纯粹随机、盲目地行动，只会事倍功半。

正如这本书所论述的那样，我和团队多年来创立与发展的和谐管理理论对更有效的产业互联网的演进带来一些启发。此外，这本书提供了业已探索出来的一些案例成果，您也许可以从中发现更多通往未来的线索。

席酉民

西交利物浦大学执行校长

英国利物浦大学副校长

西交利物浦大学和谐管理研究中心主任

有幸提前拜读了王玉荣女士与葛新红女士合著的这本《产业互联网：全产业链的数字化转型升级》。这本书最大的特点在于运用"互联网"的思维，将政策、理论、产业有机联系，将农业、工业、服务业横向对接，串联成一个政产学研服多方合纵连横的有机整体，从而实现了对产业互联网这样一个全新复杂概念的清晰解读。全书语言平实朴素，道理深入浅出，案例生动具体，源于实践而高于实践，开启了我对"互联网+"推进产业发展系统、全面、更高层次的认识，读起来思路清楚，读完受益匪浅，可读性强，借鉴度高，体现出两位作者扎实深厚的理论功底和丰富的实践积累。推荐一读。

曹宇

农业农村部乡村产业发展司特色产业处处长

站在新时代的起点上，第四次工业革命正以远远超越以往认知的方式改变着这个世界，互联网也成为整个经济社会的基础设施。

中国作为互联网应用大国，已经走在世界前列，但基础研究不足与产业互联网发展不充分，仍然制约着中国互联网乃至经济的发展。

近年来，清华长三角研究院产业互联网研究中心王玉荣女士带领她的团队进行了丰富的产业互联网实践，为政府机构、大型企业，特别是广大特色农业发展区域，提供产业互联网技术与服务的支持，在促进工作效率、解决信息不对称、消除数字鸿沟等方面做出了卓有成效的贡献。

她们奉献给读者的《产业互联网：全产业链的数字化转型升级》一书，基于丰富的实践经验与深入的理论思考，对广大产业互联网的实践者与理论研究者有着很好的指导意义。

李继春

浙江清华长三角研究院智库中心主任

产业互联网这一概念从提出到快速成为社会发展的主流话题也就短短的几年时间。当前，产业互联网的话题已广泛出现在各种媒体上，成为各路英豪公认的后新冠疫情时代经济成长的重要驱动力之一。虽说产业互联网并不是什么高深理论，也不是晦涩难懂的概念，但它也不是单纯的某项技术。产业互联网是包含众多支撑技术及应用场景的综合体，其在实际应用中极具复杂性，因此，真正理解产业互联网并能将其用于自己工作中也绝非易事。从这个意义上讲，由王玉荣、葛新红撰写的《产业互联网：全产业链的数字化转型升级》一书，对于帮助人们了解产业互联网、了解产业互联网在不同场景下的应用，找到进入产业互联网入门方法，具有十分重要的意义。

　　全书用通俗易懂的语言，首先详细介绍了产业互联网的产生与发展背景，帮助人们全面认识产业互联网的内涵，可以使初次接触产业互联网的人很快抓住产业互联网的本质特征。接下来，从产业互联网实施的角度，详解如何从顶层规划入手打造产业互联网集成服务平台，介绍产业互联网转型升级及实施路径等关键要素，并且辅以丰富的案例，为读者展现出一幅产业互联网针对不同场景应用的蓝图。此外，该书还为读者提供了产业互联网在不同业态下的 IT 解决方案。这样成体系、层次性、模块式的介绍，有利于处于产业互联网不同认知层面的读者快速找到符合自己的内容，是一部难得的关于产业互联网的著作。

21 世纪，全球化市场竞争充满了诸多不确定性。来自政治、经济和自然环境的各种不确定性因素无时无刻不在困扰着产业链和供应链的运营。企业要想在这样的环境下生存和发展，就必须时刻把握各种因素的动态变化，能够在各种要素变化的蛛丝马迹中先行而动。在力保产业链、供应链稳健运营的各种措施中，产业互联网扮演着十分重要的角色。《产业互联网：全产业链的数字化转型升级》一书中的许多观点可以帮助企业供应链管理者更好地将产业互联网融入实际工作，创造性地依托产业互联网的支撑，搭建全数字化的供应链体系，提高供应链对运营环境变化的感知敏感度，使企业能够早期预警并及时调度和调整供应链，始终在供应链运营中拥有主动性，立于不败之地！

马士华

中国物流学会副会长

华中科技大学管理学院教授

产业互联网研产投联盟发起人

在过去的二十年里，互联网、物联网技术突飞猛进地发展，一大批世界级企业如阿里巴巴、京东、腾讯涌现出来，在消费领域的互联网应用极大地改变了人类的生活方式，而互联网与各产业的深度融合正在兴起。2020年以来，各行各业的线上化步伐进一步加快，我们不难预见，产业互联网必将成为全球未来相当一段时间的重点发展领域。

王玉荣女士领导的浙江清华长三角研究院产业互联网研究中心和葛新红女士领导的AMT研究院是国内推广产业互联网的重要研究力量，在连续三年推出《产业互联网白皮书》的基础上，她们又推出新作《产业互联网：全产业链的数字化转型升级》。这本著作从产业互联网的缘起、概念诠释、总体规划、发展路径、IT解决方案几个方面系统地阐述了产业互联网的基本思想、理论、技术和方法，同时详细介绍了产业互联网在若干典型领域的应用实践和经验总结。应该说，这本著作充分体现了"学以致用"的特点，既有丰富的理论内涵，又有具体的实践指引，是目前我国产业互联网发展领域比较难得的、具有理论和应用价值的佳作。

王玉荣和葛新红两位女士都毕业于西安交通大学管

理学院。我作为西安交通大学管理学院的现任院长,为两位杰出校友在产业互联网领域做出的卓越贡献而骄傲,为两位杰出校友在推动国家经济发展方面做出的重大贡献而喝彩!

冯耕中

西安交通大学管理学院院长

西安企业家学院院长

产业互联网研产投联盟专家

玉荣与新红的新书为世界描绘了产业互联网的发展架构与做法,强调数字化的协作,帮助企业迈向未来。

陈威如

阿里巴巴产业互联网中心主任

产业互联网研产投联盟专家

重心从消费互联网向产业互联网转移已是大势所趋,未来产业互联网的市场体量一定会达到消费互联网的十倍乃至百倍之多。站在这个大变革、大机遇、大挑战的时代潮头,我们有无数的理论问题需要思考:如何从人类经济增长的大视野去寻找产业互联网对于经济高质量发展和国家数字竞争力提升的战略意义?如何通过产业互联网的顶层设计来充分释放数字技术的创新活力,不让"李约瑟之谜"重现?数据等五大生产要素的相对价格变动将如何推动各个产业领域次第开展数字化转型?大道至简,各行各业数字化转型必须遵循的经济学底层逻辑和商业模式有哪些?如果说这些问题需要至少一代人的探索,那么,本书无疑将留下早期的珍贵足迹。

吴绪亮

腾讯研究院资深专家兼首席经济学顾问

产业互联网研产投联盟专家

产业互联网利用信息技术与互联网平台,充分发挥互联网在生产要素配置中的优化作用,实现互联网与传统产业深度融合,并通过跨行业的效率提升和协同融合,促进中国经济跨越式发展。王玉荣和葛新红两位作者的《产业互联网:全产业链的数字化转型升级》一书,不仅有对产业互联网概念和基本框架的梳理,还有大量的实践案例,理论和实践兼顾,是传统行业数字化转型和推进产业互联网的绝佳指导手册。

钟鸿钧

上海财经大学数字经济研究中心主任

产业互联网研产投联盟研究者联盟理事长

如今的企业如果仅仅定位产业链的某一个环节，将面临着老"玩家"不愿意退出，而新"玩家"又持续不断进入的困境。在这样的过度竞争下，企业将很难再持续盈利。

企业的发展，必须做到穷则变，变则通。要想有大的突破，不仅要看到消费互联网对消费端的重塑已经取得了极大成功，还要意识到目前产业的生产端和流通端与互联网的融合也在不断展开。

一切都在重构。

如果能站在产业家的战略视野定位自己的企业，思考为客户创造了什么价值，运用了哪些互联网的思维与技术，怎样比存量企业做得好，你就跳出"红海"了。

王玉荣主任与葛新红院长倾心所著的《产业互联网：全产业链的数字化转型升级》一书，将大家全面带入产业互联网这一时代大趋势。本书理论体系完整，知识点全面，拥有许多原创思维，能够全面地指导如何用产业互联网思维推动企业和产业的转型。

杜峰

好商粮董事长兼 CEO

产业互联网研产投联盟实践家联盟理事长

产业互联网平台的发展经历了从 1.0 的资讯及信息撮合到 2.0 的电商交易及运营,再到 3.0 的打通和闭环供应链(金融、物流、仓储),提升行业效率及黏性服务,终将迎来 4.0 以信用数据中心为基础的(产业数字化、供应链数字化)行业整合及高效应用匹配阶段。哪个产业互联网平台能在发展中率先实现上述阶段目标,哪个平台就将更具发展机遇。然而完成上述目标并非易事,需要匹配的资源错综复杂,再加上不同行业的特殊属性,加大了实现难度。《产业互联网:全产业链的数字化转型升级》一书系统地阐述了产业互联网的发展背景、理论知识、顶层规划、业务逻辑应用及实践案例分析,无论您是研究者、实践者,还是管理者,这本书都可以指导您在产业互联网发展中进行实践,助您业务成长。

李立

摩贝联合创始人

正如书中所说,接下来将进入产业互联网爆发的黄金十年。这是一本难得的、高价值的产业互联网参考书,从市场需求、政策环境、产业升级等角度分析了产业互联网高速发展的动因,且给出产业互联网的理论指引,对竞合理论、竞争边界理论、价值网理论、平台生态圈理论、和谐管理理论做了充分的分析解读,让我们认清产业互联网的价值和趋势。本书更是用"一体两翼模型"指明了产业互联网的落地路径,这一模型来源于企业实践,如摩贝化学品电商、欧冶云商、震坤行等实践案例,并做了深度的思考和提炼,能够指导产业互联网实践者勇往直前。

李向前

腾讯工业云总经理

本书深入浅出、全面地阐述了产业互联网为什么、是什么、做什么、怎么做。产业互联网作为产业数字化落地的有效载体,实现了第一、二、三产业的供应链、资金链和价值链的融合,通过"共享""共生""共创"发掘产业互联网的共享价值、共生价值和共创价值,构建起现代化产业体系,实现经济的高质量发展。

程艳

上海电气集团数字科技有限公司执行董事、总经理跟作者认识多年，也经常一起探讨产业互联网的趋势和前景。作者从事管理咨询和 IT 服务工作十几年，帮助众多企业通过建设 IT 系统实现管理升级，积累了丰富的行业经验。产业互联网实际上是她们在新的历史阶段工作内容的延伸和升级，对产业和互联网的理解使得她们在产业互联网实践方面得心应手，在产业互联网服务领域占得先机，打造了众多行业典型案例，在此基础上提炼出系统化、理论化的知识体系。跟同类书相比，实操性是其显著特点。书中的很多观点和论述对于理解和实践产业互联网具有很好的指导意义。

傅仲宏

达晨财智合伙人

产业互联网研产投联盟投资家联盟理事长

数字经济时代下，企业面临数字化转型，产业互联网正在全面重构产业链。本书高屋建瓴地剖析了产业互联网的过去、现在和未来。从顶层规划到实施落地及具体 IT 解决方案，王玉荣博士提出了企业拥抱产业互联网转型升级的一些意见。书中也附有翔实的案例研究，是企业家、投资者研习产业互联网不可错过的案头书。

卢荣

越秀产业基金总裁

产业互联网研产投联盟投资家联盟常务副理事长

随着时间推移,产业互联网扮演互联网大潮"下半场"主力的共识日益加强。而早在这个超级风暴来临之前,在2B领域还远不如当下受到资本青睐时,作者已深度耕耘其中,并基于扎实、持续的实践升华理论。

服务于产业,服务于产业互联网,需要专业机构具备三大能力:深刻理解产业、尊重产业规律和历史积淀;深刻理解数字化,并拥有卓越的端到端解决问题能力;深刻理解资本,借助资本的强大张力为企业数字化以及产业互联网的发展提供支持。作者在上述能力圈的建树,在产业互联网时代大有用武之地。

袁季

广证恒生总经理

产业互联网研产投联盟发起人

产业互联网是互联网经济发展到一定阶段的产物,伴随着企业信息化的普及、通信技术的提升、大数据应用深度与广度的扩展,互联网逐步从信息交流与商业应用拓展到为特定行业或产业链的升级提供赋能。与传统电子商务主要为商业流通提供渠道,给消费者带来便利的定位不同,产业互联网所要解决的是一个多维度的产业生态。在需求端，产业互联网需要统筹传统电商所要解决的消费者福利与大规模定制的需求；在供给端，产业互联网则要考虑智能化的生产和灵活的产品、服务供给；在供应链端，则为供应链的优化提供平台，协调与统筹上下游产业的管理、物资供给、流通体系构建。通过金融支持和大数据赋能，使得供给、需求、供应链支持达到最优的资源配置效率。

如果说消费互联网和电子商务是互联网经济发展的第一次高峰，那么产业互联网将为互联网经济带来新的发展机遇。可以预见的是，随着5G和物联网技术的进一步发展，产业互联网将形成一个包容更多生产要素、更多生产主体和消费主体的新型互联网生态体系。

本书系统地阐述了产业互联网的发展背景、产业互联网的理论认知、产业互联网的顶层规划、产业互联网的转型实施，为产业互联网构建了完备的理论体系和实施的方法论。同时，展示了产业互联网不同领域的实践案例，以实证方法更为清晰地呈现了产业互联网的构建路径和实施效果。在落地实施方面，本书对IT解决方案也有详尽的介绍。

本书在对产业互联网体系进行系统论述的过程中，紧紧围绕数字化转型升级的主线，将数字化赋能作为搭建产业互联网的内核与引擎。这一定位准确把握了新一轮互联网浪潮的趋势。作为新数字经济最重要的模式之一，数字化如何激发行业新动能、提升行业价值，将是产业互联网构建中最值得关注的问题。

吴卫明

上海市锦天城律师事务所高级合伙人

上海律师协会互联网业务委员会主任

产业互联网研产投联盟专家

序

迎接产业互联网的黄金十年

2020 年，席卷全球的新冠疫情，为产业互联网的发展按下了快进键。

一方面，随着国家加快发展"新基建"的相关政策出台，产业数字化成为提振经济的共识，推动产业链、供应链全链条的转型升级成为新时期的重要任务。为进一步加快产业数字化转型，助力构建现代化产业体系，实现经济高质量发展，2020 年 4 月 7 日，国家发展改革委、中央网信办发布了《关于推进"上云用数赋智"行动 培育新经济发展实施方案》，在国家政策层面首次正式提出"产业互联网"的概念，鼓励构建多层联动的产业互联网平台，为中小微企业数字化转型赋能。通过构建数字化产业链，打通产业链上下游企业数据通道，促进全渠道、全链路供需调配和精准对接，以数据供应链引领物资链，促进产业链高效协同，有力支撑产业基础高级化和产业链现代化。

另一方面，新冠疫情的持续发展和常态化为产业互联网平台型企业带来重要的发展契机。大量产业链上下游中小微企业面对生存困难的严峻挑战,加速了其线上化、数字化转型的紧迫度。产业互联网平台型企业通过信息打通、在线交易、在线结算、在线供应链金融等一系列增值服务,解决产业链上下游中小微企业采购、销售和融资等难题,将获得快速发展。在实践中,我们看到那些在垂直产业中已经具备一定基础的产业互联网集成服务平台,在疫情防控期间都获得了业绩的逆势增长。

我们必须清晰地认识到大势已至——我们将迎来产业互联网发展的黄金十年!随着国家各项政策的推动、技术基础设施的发展,以及来自实体产业转型升级的紧迫需求,这些力量正聚合在一起,推动着产业互联网进入高速发展期。目前,产业互联网已经进入三波叠加的发展态势:第一波产业互联网平台企业已经成功上市了;第二波已经实现快速增长并拿到了数亿融资;还有一波已经快速启动了产业互联网平台建设。对于各企业来说,必须从整个产业链的视角,结合自身的资源和能力去认真思考战略定位:是选择成为产业互联网平台型企业,抓住产业互联网发展的战略机遇期,还是选择与产业互联网平台做好连接,利用这些平台获得更好的协同发展?

我们也必须清晰认识到:产业互联网的转型升级不是一蹴而就的,需要在传统产业中积极突破创新,需要从企业家到"产业家"格局的思考和行动,也需要更多地研究借鉴以少走弯路、规避风险。目前,大量产业互联网平台还处在发展初期,面临持续增长的瓶颈,迫切需要能级提升。

对于农牧业、养殖类企业，如何通过产业互联网转型打造农业产业化联合体，实现一二三产业融合发展？对于制造型企业，如何借助产业互联网转型进行产品和服务的升级，实现数字化、智能化、服务化以及平台化发展？对于服务型企业，如何通过产业互联网转型，创新商业模式，实现贸易线上化、产品品牌化、服务平台化发展？对于拥有众多产业资源的行业龙头企业以及行业联盟/协会，如何通过产业互联网转型打造出一家新模式的公司，有效连接行业存量资源，实现互联网化、平台化、资本化？对于区域政府，如何以产业互联网推进区域特色产业集群转型发展，并打破区域限制，形成影响全国/全球的产业辐射力？对于产业园区，如何从传统物业招商升级为面向产业链的孵化、招商和运营，形成新的产业集聚？对于金融/类金融机构，如何找到实施普惠金融的安全、高效通道，以供应链金融赋能实体产业？还有大量产业投资者，如何持续发掘产业互联网的优秀企业，通过资本资源助力，打造新的"独角兽"？

从 2014 年开始，我们就提出"产业互联网"概念和方法论，并在各行业领域进行实践探索。2017 年开始，我们发起成立了产业互联网研产投联盟，会聚了上百位产业互联网领域的研究者、实践家和投资家，通过集合各方智慧，连续三年发布《产业互联网白皮书》。我们希望能够始终站在研究和实践的双阵地前沿，在实践中不断研究、思考、总结，并进一步指导实践创新。

这本书是在《产业互联网白皮书》基础之上全新修订的第一本图书。不管您是处在了解阶段，想要知道产业互联网到底是什么，它和个人的事业发展、财富增长的关系，它将创造哪些经济价值和社会价值，还是已经在开展产业互联网的变革，想要进一步突破创新，成为产业互联网领域的成功者，我们都希望这本书能给予您务实的实践借鉴，助您切实地把握住产业互联网发展的重大战略机遇。

目录

- **第1章 产业互联网的发展背景 /001**
  - 1.1 传统产业链的供给侧结构性改革 /001
  - 1.2 区域产业集群的整体转型升级 /003
  - 1.3 国家大力推进实体产业转型的政策支持 /005
  - 1.4 金融赋能实体产业的创新推动 /010
  - 1.5 产业互联网的实践探索和演进 /013

- **第2章 对产业互联网的全面认知 /019**
  - 2.1 产业互联网的定义与特征 /019
  - 2.2 产业互联网的理论基础 /021
  - 2.3 产业互联网和其他概念的区别 /027
  - 2.4 从企业数字化到产业互联网 /031
  - 2.5 产业互联网的三大公式 /038

- **第3章 产业互联网的顶层规划 /045**
  - 3.1 大量产业互联网平台需要能级提升 /045
  - 3.2 产业互联网平台的提升路径 /047
  - 3.3 打造面向全产业链的集成服务平台 /050
  - 3.4 平台服务之供应链服务 /056
  - 3.5 平台服务之技术服务 /059
  - 3.6 平台服务之金融服务 /063
  - 3.7 平台服务之产业人才服务 /067

第 4 章　产业互联网的转型实施 /075

4.1 构建产业互联网的前提和基础 /075

4.2 产业互联网转型机会分析 /079

4.3 产业互联网的发展路径 /081

4.4 六位一体推进产业互联网发展 /086

4.5 产业互联网平台的持续运营 /089

4.6 基于区块链的产业平台间整合 /092

4.7 产业互联网转型的成功经验总结 /094

第 5 章　产业互联网在不同领域的案例实践 /101

5.1 行业龙头企业的裂变式增长 /101

5.2 区县特色产业集群的转型升级 /106

5.3 专业商贸市场的数字化转型 /111

5.4 由供应链枢纽企业向供应链集成服务商转型 /115

5.5 行业资讯平台 /SaaS 解决方案商的产业互联网升级 /118

5.6 产业互联网集聚区的打造 /119

第 6 章　产业互联网的 IT 解决方案 /123

6.1 大宗商品在线解决方案 /123

6.2 多式物流在线解决方案 /132

6.3 服务行业在线解决方案 /135

附录　产业互联网知识体系 /139

特别鸣谢 /146

第 1 章

产业互联网的发展背景

产业互联网发展的内在动因是什么？有哪些外部的政策环境在不断推动产业互联网的发展？产业互联网的发展经历了哪些阶段，是如何在实践中不断演进的？目前有哪些有代表性的产业互联网企业？带着这些问题，我们开启本书的第一章。

1.1 传统产业链的供给侧结构性改革

2017年10月，党的十九大成功召开，为发展新时代中国特色社会主义经济建设指明了方向。十九大报告对我国当前经济形势进行了总结，提出中国特色社会主义发展新时代的新矛盾是"人民日益增长的美好生活需要与不平衡、不充分的发展之间的矛盾"，并指出解决这个新矛盾的核心是"深化供给侧结构性改革，加快建设创新型国家"。

什么是供给侧结构性改革？在需求端，人们对美好生活的需要以及消费互联网发展带来的新体验，不断地促进消费升级；而在供给侧，大部分实体产业链条长，产业链上大量小而散的从业者存在着严重的信息不对称、生产水平落后、同质化竞争、整体效率低下的现象。一边是需求得不到满足，一边是大量的产能过剩和库存积压，产业链发展存在着严重的不充分、不平衡现象，是导致供给侧和需求侧供需失衡的重要原因（见图1-1）。传统的产业结构和生产经营模式已难以适应新时代经济发展的需求，转型升级迫在眉睫。因此迫切需要通过产业互联网进行产业链供给侧的改造和优化，通过产业链的重构和资源的优化配置实现生产关系的改造，通过新技术、新金融、新人才的赋能提升生产力，从而建设"实体经济、科技创新、现代金融、人力资源协同发展的现代化产业体系"。

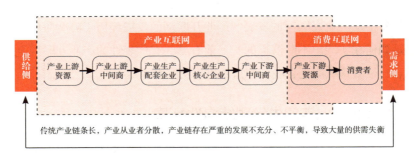

产业互联网：通过互联网技术整合优化产业链，进行信息打通，供需匹配，实现供给侧结构性改革
通过产业互联网平台以共享经济模式对产业链企业进行（技术、金融、人才等）赋能，实现产业链整体转型升级

图1-1 从消费互联网到产业互联网

随着消费互联网发展逐渐进入成熟阶段以及持续的消费升级，需求侧的发展正在不断推动产业供给侧的改革，在产业供给侧的产业互联网平台型企业应运而生。首先，通过连接产业链上下游，打通信息，形成实时的产业大数据，从而可以有效指导供需调配和精

准对接，形成反向定制和按需生产；其次，通过对传统产业链进行整合优化，尽可能减少价值链中的不增值环节，实现降本增效，形成新模式下的产业价值网络连接；最后，以共享经济模式汇聚产业服务资源，对产业链上下游企业进行技术、金融、人才等赋能，带动产业链整体转型升级。这种以互联网推动实体产业全链条的转型升级，将是中国新时代经济转型的主要特色和重要机遇。

1.2 区域产业集群的整体转型升级

中国有大量的区域特色产业集群，比如长三角、珠三角等地区广泛存在一个区域、一个县或一个镇，围绕某一特色产业，有数万个中小微企业，产业内部的单个企业大部分规模比较小，但是整个集群却具有显著的规模优势和较高的市场占有率。还有在各地推行的"一县一品"，依托本地资源优势、传统优势和区位优势，会聚大量的农户和个体从业者，发展有特色的县域产业，如陕西柞水县的木耳产业、山东蓬莱的苹果产业，已成为当地的支柱产业之一。

这些区域产业集群普遍面临着转型与发展的双重压力，并存在一些共性问题：产业从业者分散，产业技术水平落后，产业利润率低，产业创新人才缺乏，产业投资活跃度低，产业链管理水平落后，品牌和研发基础薄弱等，"低、小、散、乱"现象严重，亟须转型升级。

随着外部竞争环境的变化，市场竞争不再是企业与企业之间的竞争，而是整个产业供应链之间的竞争。如何通过互联网连接并整合区域产业集群，实现产业链的集约化发展；如何通过建立区域特色产业互联网平台，赋能并推动产业集群的整体转型升级，已成为区域经济转型发展的重点。

以产业链合作为基础，以产业共享服务为手段，以产业高端化发展为目标，由区县政府、行业协会和产业骨干企业等多方共同发起打造区域特色产业互联网平台，结合产业链上下游痛点和共性需求，建立全产业链的一站式共享服务平台，提供集资讯、交易、物流、技术、供应链金融、人才培养、质量检验、品牌营销、大数据分析等综合配套服务，通过技术普惠和金融普惠等，解决产业链中小微企业发展瓶颈。同时，通过整合全产业链的资源信息和产业大数据的采集，将进一步实现区域产业的数字化管控，推动整个产业链的规范发展和产业结构布局的优化调整。

区域产业集群的产业互联网化，一方面，将带动现有万家产业中小微企业的整体转型升级，实现存量优化；另一方面，将形成百亿/千亿规模的基于互联网新经济的产业互联网平台，未来可进一步突破区域限制，实现全国/全球更大范围的产业资源连接和集聚，实现增量发展，最终形成产业链大中小企业融通发展新格局，提升产业链的整体竞争力和转型升级（见图1-2）。

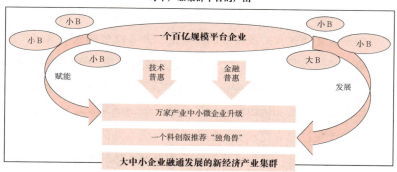

图1-2 区域产业集群的整体转型升级

1.3 国家大力推进实体产业转型的政策支持

党的十九大报告对于实体产业转型以及建设创新型国家提出明确的指导要求:"必须坚持质量第一、效益优先,以供给侧结构性改革为主线,推动经济发展质量变革、效率变革、动力变革,提高全要素生产率,着力加快建设实体经济、科技创新、现代金融、人力资源协同发展的产业体系。"围绕着深化供给侧结构性改革和现代化产业体系构建,从供应链创新与应用,双创支撑平台,再到产业数字化转型,国家出台了一系列的政策推动。

1.3.1 供应链创新与应用

以互联网推动产业供应链的优化升级,促进供需匹配、降本增效和产业升级,成为供给侧结构性改革的重要支撑。围绕着供应链创新与应用,国务院各部委陆续出台一系列支持政策。

具有里程碑意义的政策文件是2017年10月出台的《国务院办公厅关于积极推进供应链创新与应用的指导意见》(国办发〔2017〕84号文),明确提出:到2020年,形成一批适合我国国情的供应链发展新技术和新模式,基本形成覆盖我国重点产业的智慧供应链体系。推动供应链金融服务实体经济是供应链创新的重要任务:供应链金融的规范发展,有利于拓宽中小微企业的融资渠道,确保资金流向实体经济;鼓励建立供应链金融服务平台,为供应链上下游中小微企业提供高效便捷的融资渠道;鼓励发展线上应收账款融资等供应链金融模式;加强供应链大数据分析和应用,确保借贷资金的真实交易。

为进一步推进国务院84号文的落实,2018年4月,商务部、工业和信息化部、生态环境部、农业农村部、人民银行、国家市场监督管理总局、中国银行保险监督管理委员会和中国物流与采购联合会等 8 部门联合下发《关于开展供应链创新与应用试点的通知》（商建函〔2018〕142 号文），在全国范围内开展供应链创新与应用城市试点和企业试点，推动形成创新引领、协同发展、产融结合、供需匹配、优质高效、绿色低碳、全球布局的产业供应链体系，促进发展实体经济。同时明确规范发展供应链金融服务实体经济是试点城市的重点任务：推动供应链核心企业与商业银行、相关企业等开展合作，在有效防范风险的基础上，积极稳妥地开展供应链金融业务，为资金进入实体经济提供安全通道。

2018 年 9 月 29 日，商务部市场体系建设司在官网上发布《关于全国供应链创新与应用试点城市与企业评审结果的公示》，根据公示的结果，经商务部等 8 部门审核，确定了北京等 55 个城市为全国供应链创新与应用试点城市，269 家企业为全国供应链创新与应用试点企业。这些供应链示范企业中，大部分是在产业互联网的应用方面进行了多年的探索实践，并取得了一定成绩的企业。

随着实践的推进，2020 年 4 月，商务部等 8 部门又下发《关于进一步做好供应链创新与应用试点工作的通知》（商建函〔2020〕111 号），文件中强调要加强供应链安全建设；加快推进供应链数字化和智能化发展；促进稳定全球供应链；推动产业供应链向贫困地区延伸，因地制宜地支援贫困地区优势产业的发展；充分利用供应链金融服务实体企业，并重点提及数字化在产业发展中的重要作用。

1.3.2 双创平台建设

2015 年 9 月，国务院发布《关于加快构建大众创业万众创新支撑平台的指导意见》(国发〔2015〕53号),首次提出"发展四众(众创、众包、众扶、众筹)平台",拓展创业创新与市场资源、社会需求的对接通道,搭建多方参与的高效协同机制,优化劳动、信息、知识、技术、管理、资本等资源的配置方式。

针对制造业的转型发展,2017年8月,工业和信息化部陆续出台《制造业"双创"平台培育三年行动计划》(工信部信软〔2017〕194号)和《工业电子商务发展三年行动计划》(工信部信软〔2017〕227号)。发文提出:到2020年底,重点行业骨干企业互联网"双创"平台普及率超过85%,支持建设面向企业内部和产业链上下游的"双创"要素汇聚平台,促进面向生产制造全过程、全产业链、产品全生命周期的信息交互和集成协作。大力发展工业电子商务平台,推动工业企业交易方式和经营模式的在线化、网络化和协同化。

2017年10月,农业农村部等六部委发布《关于促进农业产业联合体发展的指导意见》(农经发〔2017〕9号),提出积极培育发展一批带农作用突出、综合竞争力强、稳定可持续发展的农业产业化联合体,成为引领我国农村一二三产业融合和现代农业建设的重要力量,为农业农村发展注入新动能。通过构建上下游相互衔接配套的全产业链,实现单一产品购销合作到多元要素融合共享的转变,推动订单农业和"公司+农户"等商业模式创新,促进农业提质增效。

随着在农业和制造业的产业平台化的不断实践探索,2018年9月,国务院印发《关于推动创新创业高质量发展打造"双创"升级版的意见》(国发〔2018〕32号),意见提出"推进供应链创新与应用，加快形成大中小企业专业化分工协作的产业供应链体系"。该意见是在2015年《关于加快构建大众创业万众创新支撑平台的指导意见》（国发〔2015〕53号）所提出的"发展四众（众创、众包、众扶、众筹）平台"基础上的进一步实践提升，明确以大企业构建基于互联网的创新创业平台，带动产业链中小微企业共同发展。

为贯彻落实"双创"升级的版意见，2018年11月，工业和信息化部、发改委、财政部、国资委联合发布《促进大中小企业融通发展三年行动计划》（工信部联企业〔2018〕248号），提出构建大中小企业深度协同、融通发展的新型产业组织模式，支持实体园区打造大中小企业融通发展特色载体；鼓励大企业发展供应链金融，开展订单和应收账款融资、仓储金融等服务，帮助上下游中小供应商提高融资效率、降低融资成本；推动大企业以股权投资、股权质押融资等形式向中小企业提供专业金融服务；依托特色载体打造大中小企业融通发展的新型产业创新生态，推动大中小企业在物资采购、市场营销、资金融通等方面相互合作。到2021年，形成大企业带动中小企业发展、中小企业为大企业注入活力的融通发展新格局。

2019年2月12日，商务部等十二部委联合下发《关于推进商品交易市场发展平台经济的指导意见》（商建函〔2019〕61号），力争到2020年，培育一批发展平台经济成效较好的千亿级商品市场，推动上下游产业和内外贸融合，形成适应现代化经济体系要求的商品流通体系，更好地服务供给侧结构性改革。

1.3.3 产业数字化转型

面对 2020 年新冠疫情对全球经济的影响,加快新基建、推动产业数字化转型成为提振经济的重要抓手。为进一步加快产业数字化转型,培育新经济发展,助力构建现代化产业体系,实现经济高质量发展,2020 年 4 月 7 日,国家发展改革委、中央网信办研究制定了《关于推进"上云用数赋智"行动 培育新经济发展实施方案》(发改高技〔2020〕552 号)(以下简称《方案》)。《方案》首次在国家政策层面正式提出"产业互联网"的概念,鼓励构建多层联动的产业互联网平台。通过政府、平台型企业、行业龙头企业与中小微企业等多层联动,培育企业技术中心、产业创新中心和创新服务综合体。加快完善数字基础设施,推进企业级数字基础设施开放,促进产业数据中台应用,向中小微企业分享中台业务资源。引导平台企业、行业龙头企业整合开放资源,鼓励以区域、行业、园区为整体,共建数字化技术及解决方案社区,构建产业互联网平台,为中小微企业数字化转型赋能。

2020 年 5 月 7 日,农业农村部会同国家发展改革委、财政部、商务部印发了《关于实施"互联网+"农产品出村进城工程的指导意见》。该意见提出,发挥"互联网+"在推进农产品生产、加工、储运、销售各环节高效协同和产业化运营中的作用,培育出一批具有较强竞争力的县级农产品产业化运营主体,建立完善适应农产品网络销售的供应链体系、运营服务体系和支撑保障体系,实现优质特色农产品产销顺畅衔接、优质优价,供给能力和供应效率得到显著提升,农民就业增收渠道进一步拓宽。该政策将优先选择包括贫困地区、特色农产品优势区在内的 100 个县开展试点。从该政策可以预见，产业互联网将逐步渗透至最传统的农业产业集群，未来"农业 + 产业互联网"也将大有可为。

纵观一系列国家政策的出台，我们可以看到，不管是供应链创新与应用，还是双创平台的发展，再到全产业全链路的数字化转型，从国务院到各部委一直在持续地推动和引导"实体产业 + 互联网"的转型升级，也在实践中不断地迭代改进。每一项政策的落实都由涉及的多个部委联合发文以协同推进。产业级的升级改造和政策落地，必然要打破过去的政府职能条块分割，而转向一二三产融合、全产业链的整合优化和协同创新。产业互联网在各地方的落实，涉及发改委、工信委、商委、科委、农业局、金融办等各相关委办局，同时产业人才的发展也与组织部、人社部等紧密相关，因此，也期待各地方政府通过一把手工程以及建立各相关委办局共同参与的联合工作小组来切实推进产业互联网在地方的发展。

1.4 金融赋能实体产业的创新推动

2019年2月14日，中共中央办公厅、国务院办公厅联合发布《关于加强金融服务民营企业的若干意见》，提出总体要求，"有效缓解民营企业融资难融资贵问题，增强微观主体活力，充分发挥民营企业对经济增长和创造就业的重要支撑作用"，并在具体举措中提出，"商业银行要减轻对抵押担保的过度依赖。要依托产业链核心企业信用、真实交易背景和物流、信息流、资金流闭环，为上下游企业提供无须抵押担保的订单融资、应收应付账款融资"。

在整个产业供应链中，由于生产周期、销售周期以及市场价格、需求的波动等因素导致企业的资金支出和收入通常不会处于一个均衡的状态。同时由于中小企业在产业链上处于弱势地位，上游通常会要求以现金方式提货，而下游企业往往又有较长的账期，再加上我国金融机构长期以来由于缺少有效的风险把控手段等，对中小企业的金融需求满足程度极低。中小企业的融资难、融资贵成为影响产业链健康发展的关键问题。

传统信贷模式下金融机构由于对产业情况缺乏了解，对申请融资用途的真实性无法把握，产业链上的信息无法进行在线管控和可追溯，尽调人工成本高，对融资的风险控制较难，在出现风险事件需要对质押物进行处理时往往又缺乏有效的手段等，因此难以直接对接产业链中小企业提供融资服务。在国家扶持中小微企业融资的政策压力下，银行等金融机构根据信用给中小企业贷款或融资，而融资风险、坏账率也出现大幅上升。根据 2019 年 6 月中国人民银行会同中国银保监会等部门编写的《中国小微企业金融服务报告（2018）》，到 2019 年 5 月末，全国金融机构单户授信 1000 万元以下的小微企业贷款不良率是 5.9%，比大型企业高出 4.5 个百分点，比中型企业高出 3.3 个百分点。因此，中小微企业的信用问题一直是导致融资难的重要障碍。

产业互联网平台的出现，打通了产业供应链中的商流、物流、信息流和资金流，以产业互联网平台各类交易和服务形成的产业大数据和交易信用，构成信用体系，以基于产业互联网平台的在线化真实交易为场景，运用供应链融资的方式，通过供方融资（应收账款）、需方融资（订单融资）、质押融资等手段封闭资金流或者控制物权，为产业链中小企业提供供应链融资服务，成为新一代供应链金融服务的重要模式。

一方面,产业互联网的发展急需金融的助力,以供应链金融解决产业链上下游中小微企业融资难、融资贵的痛点问题,是推动产业互联网平台快速发展的重要驱动力,同时供应链金融服务也为产业互联网平台提供了新的盈利模式。另一方面,金融机构面对宏观经济放缓、利率市场化、金融和技术脱媒、金融去杠杆等严峻挑战,长久以来的业务模式难以为继,必须与实体产业深度融合,全面转型刻不容缓。

金融机构通过与产业互联网平台的合作,降低了其对具体客户不能充分了解、资金用途无法把握、交易过程真实性无法确认、质押过程动态无法及时获知等融资过程中所产生的信息不对称风险,为金融资金到达产业链中小微企业、实现普惠金融目标提供了安全通道。越来越多的金融机构加速供应链金融的布局以及与产业互联网平台型企业的合作,国内商业银行大多成立了供应链金融服务的相关部门,也推出了面向企业服务供应链金融服务的相关产品。

平安银行是国内最早提出并践行供应链金融的银行之一。2013年,平安银行提出 3.0 版本的平台和供应链金融模式,在组织架构上单独设立公司网络金融事业部,专职于供应链金融产品的创新和推广。在平台建设上搭建了跨条线、跨部门的银行公共平台,并与供应链协同平台、大型企业 B2B 平台等合作开展供应链金融服务。

2018 年 2 月,民生银行在总行设立供应链金融一级部,加大各方面资源投入,彰显了民生银行将供应链金融作为未来战略发展和重点资源投入的信心和决心。一级部门的设立将有效解决供应链金融操作各个环节信息不对称问题,更有效地组织参与各方的资源,打通核心企业、上下游企业、仓储物流、质押、尽调、全流程动态管理中的信息壁垒,为实现标准化管理、提高资金效率、降低风险隐患提供组织架构层面的支持。

2018年底,中国银行在国有大型商业银行中率先成立交易银行部,全方位整合渠道、产品及服务,提供面向对公客户的综合金融解决方案。通过成立交易银行部,有助于"输血"小企业,不以企业的抵质押物为重点,而是关心企业核心账户项下的收和付,关注企业的现金流。

除此之外,中国建设银行、招商银行、中国工商银行、中国农业银行等国有大型银行以及浙商银行、华夏银行等也纷纷在总行与分行加强交易银行部、普惠金融部、网络金融部等建设,加大对供应链金融服务的投入,推进传统金融服务的智能化改造;并积极探索与产业互联网平台的合作,通过转化核心企业的银行授信和利用在产业互联网平台上的交易信用,帮助供应链上下游中小微企业盘活应收账款,解决中小微企业融资难题。

1.5 产业互联网的实践探索和演进

纵观互联网的发展历程,产业互联网的出现是分阶段的实践探索和演进(见图1-3):互联网发展的早期是单方向上满足人们获取信息的需求(新浪、搜狐、网易三大门户网站和百度等);接着开始Web 2.0时代,人们主动参与,逐渐开始分享信息,社交需求促进了腾讯的崛起;虚拟的线上信息逐渐延伸至真实的线下生活,网络购物不断发展,阿里巴巴在这样的环境下逐渐发展壮大;随着线上交易平台的出现,交易内容从商品所有权买卖延伸到服务交易与商品使用权交易,共享经济平台通过整合线下闲散资源进行需求与供给的匹配,"滴滴""饿了么"是其中的典型代表。

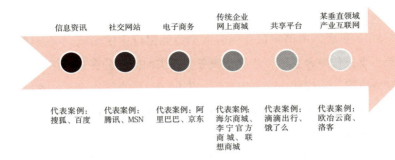

图 1-3 产业互联网的分阶段实践探索和演进

以上几个阶段的互联网发展都是由消费端发起和推动的,称之为消费互联网。从 21 世纪伊始, 20 年来,消费互联网渗透进人们生活的各个领域,衣、食、住、行、娱、医等各细分市场的互联网平台都呈现迅猛发展的态势,极大影响了人们的生活和消费习惯。消费互联网的发展经历了单向信息资讯—连接交互—在线交易—共享平台—平台生态(规则化、赋能化)的多个阶段,逐步进入成熟期。而消费互联网的变革火焰沿着产业链条不断往上游供给侧蔓延,必然倒逼产业互联网的发展。

随着消费端的互联网市场进入成熟阶段,一方面积累了大量的技术、人才、资本等资源,另一方面消费端的人口红利即将释放殆尽,消费互联网的高速发展即将一去不复返,为此,阿里巴巴、腾讯、京东等互联网企业纷纷布局,拥抱产业互联网。2016 年,阿里巴巴率先提出新零售概念,强调"线上服务、线下体验及现代物流进行深度融合的零售新模式",开启从消费端往供给端的改革推进。腾讯也在 2018 年 9 月发布公司转型产业互联网的重大战略调整,提出"互联网的下半场属于产业互联网。上半场腾讯通过连接为用户提供优质的服务,下半场我们将在此基础上,助力产业与消费者形成更具开放性的新型连接生态"。京东在2018年11月将"京东金融"升级为"京东数字科技",提出"让数字科技成为连接金融和实体产业的桥梁,一手助力金融数字化,一手助力产业数字化"。

互联网发展的主战场已从消费互联网转向产业互联网,这既是国家政策的指引,又是各传统产业发展受困必须转型的现实迫切需求。产业、科技与金融的融合创新使产业互联网的发展进入了新的阶段,地方政府、实体企业及各类专业服务机构的积极探索,推动产业互联网进入加速发展期(见图1-4)。

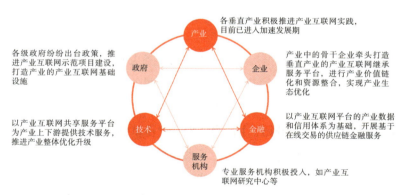

图 1-4 产业互联网在各个层面的实践探索

近年来,各级政府纷纷出台推进"实体产业+互联网"融合发展行动计划,对于产业互联网示范项目建设进行政策扶持,并推动区域特色产业集群依托产业互联网进行存量优化和增量发展;部分区域政府和产业园区积极探索建设产业互联网新经济集聚区，如上海市杨浦区，通过建设产技融创新基础设施，打造杨浦产业互联网集聚区，帮助落户集聚区的产业互联网平台企业进行赋能提升，实现了杨浦区新的产业集聚。

各产业中的龙头骨干企业发起的垂直产业的产业互联网平台陆续涌现，尤其在农粮、生鲜、钢铁、能源、化工、工业品、汽车汽配等领域。这些产业互联网平台由处在供应链不同环节的骨干企业发起，如，在制造端与供应端有中国宝武集团发起的欧冶云商、陕煤集团发起的煤亮子，在贸易端发起的产业互联网平台有粮达网、找钢网等，以及由过去传统的专业集贸市场转型发展的全国棉花交易市场、中国家纺城等。这些不同领域的实践为产业互联网转型积累了宝贵的经验。我们将在第5章就每一类典型案列进行详细介绍。

在产业互联网转型推进中，也出现了各类专业服务机构，以扶持和发展一批有质量、有市值的产业互联网企业。

国内多家媒体、行业协会和专业联盟，过去几年都在发布B2B百强榜，自2018年开始，主流媒体发布的榜单已经从"B2B百强榜"升级为"产业互联网百强榜"。这些榜单评选，都在不约而同地推动产业互联网进入百花齐放的繁荣发展期。

结合对于各垂直产业的产业互联网转型案例的持续跟进研究，我们每个年度都研究"中国产业互联网图谱"，希望从广度、深度、力度等方面选出各产业中具有代表性的典型案例，为产业互联网的转型实践提供参考。

广度：实现产业链上下游大中小微企业在线协同、共同发展，包括在线化的企业数量、在线化的产品与服务数量、在线化的交易金额以及覆盖的区域等；

深度：深入产业链进行价值挖掘，通过产业链优化创新，实现价值重构和产业升级；

力度：响应十九大报告中提出的"打造实体经济、科技创新、现代金融、人力资源协同发展"的现代化产业体系要求，提高对国家战略的响应力度、商业模式的清晰度以及发展的可持续性。

第 2 章

对产业互联网的全面认知

产业互联网到底是什么？其背后支撑的理论基础有哪些？它与其他消费互联网、工业互联网、供应链创新、电子商务、企业数字化转型等概念之间有哪些联系和区别？产业互联网的价值该如何衡量？建设成本和市场估值如何测算？本章将对这些问题一一解答，带您建立对产业互联网的全面认知。

2.1 产业互联网的定义与特征

2.1.1 定义

通过与各行业领先企业一起转型实践，并在实践中不断研究，我们形成了对于产业互联网的定义：产业互联网是数字时代各垂直产业的新型基础设施（见图 2-1），由产业中的骨干企业牵头建设，以共享经济的方式提供给产业生态中广大的从业者使用。通过从整个产业链角度的资源整合和价值链优化，从而降低整个产业的运营成本，提高整个产业的运营质量与效率，并通过新的产业生态为客户创造更好的体验和社会价值。

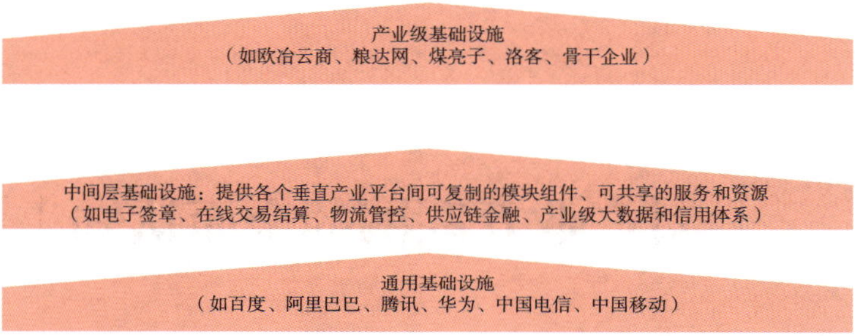

```
         产业级基础设施
（如欧冶云商、粮达网、煤亮子、洛客、骨干企业）

中间层基础设施：提供各个垂直产业平台间可复制的模块组件、可共享的服务和资源
（如电子签章、在线交易结算、物流管控、供应链金融、产业级大数据和信用体系）

          通用基础设施
（如百度、阿里巴巴、腾讯、华为、中国电信、中国移动）
```

图 2-1 产业互联网是数字时代各垂直产业的基础设施

2.1.2 特征

产业互联网具有如下两类特征。

1. 功能特征

把个人间关系在线化，成就了伟大的微信。把产业内企业间的关系、企业与金融间的关系在线化、闭环化、低成本、高效率、有收益、大规模，成就了各垂直产业互联网。产业互联网平台通过搭建"基础设施"进行连接和赋能。BAT、华为、移动、电信等提供了互联网时代适用于各行各业的通用基础设施，即跨产业的、通用性的技术服务平台。而产业互联网则通过深入研究产业场景，为垂直产业内的从业者提供集成性云服务，聚焦垂直产业链特点，解决垂直产业的痛点，成为该垂直产业的产业级基础设施。随着产业互联网的不断发展成熟，在通用基础设施和产业级基础设施之间也会出现一些中间层产品和服务，提供各个垂直产业平台间可共享的资

源和可复制的模块组件，比如可为各垂直产业互联网平台提供在线交易结算、在线供应链金融等标准产品模块，同时可统一对接海关、物流、金融机构等相关的数据和资源，进一步帮助存在产业上下游关联的不同产业平台进行数据打通和连接整合，形成更大的产业链闭环，从而为产业平台间的整合奠定了基础。

2. 技术特征

产业互联网的发展离不开各项互联网新技术的支撑，包括移动通信、物联网、云计算、大数据、人工智能、区块链等。移动通信使用户与企业、用户与用户、企业与员工之间可以打破地域和时间限制，形成紧密的实时连接，其中 5G 新技术的发展将以更快的传输速度、超低时延功耗及海量连接开启万物互联的新时代，形成产业链条中人与物、物与物连接的网络；云计算通过按需取用、按需付费、集中管理，使得 IT 对于业务的支撑更具弹性，技术壁垒和整体 IT 成本降低，为产业互联网云平台的搭建提供了良好的基础；大数据通过对产业互联网中的海量数据信息采集处理，可提供更智能化的分析预警和决策支持，促进产业链供需匹配和运营改善；人工智能可以帮助优化产业结构，提高生产效率，改变分工格局；区块链技术在供应链金融风控体系的应用，对于推动产业链信用体系建设和供应链金融落地实施将起到积极作用。

2.2 产业互联网的理论基础

在产业互联网的不断实践演进过程中，各类经典管理理论为产业互联网的发展提供了理论支撑，其代表有竞合理论、竞争边界理论、价值网理论、平台生态圈理论、和谐管理理论等。这些理论从不同视角为产业互联网的发展提供了指导思想。产业互联网通过对产业链上的个体进行系统整合,形成新的价值创造网络和产业链治理机制,去竞争为合作、去封闭为开放,通过建立产业命运共同体,实现所有参与者多方共赢以及产业生态的良性治理。

2.2.1 竞合理论

竞合理论的代表人物是耶鲁大学管理学教授拜瑞·J.内勒巴夫(Barry J.Nalebuff)和哈佛大学商学院教授亚当·M.布兰登勃格(Adam M.Brandenburger),他们在 2000 年合著出版的《合作竞争》(Co-opetition)中指出:企业经营活动是一种特殊的博弈,是一种可以实现双赢的非零和博弈。企业的经营活动必须进行竞争,但也有合作,是一种合作竞争的新理念。竞合理论的目标是建立和保持与所有参与者的一种动态合作竞争关系,最终实现共赢局面。竞合理论提出了互补者的新概念,认为商业博弈的参与者除了包括竞争者、供应商、顾客外,还有互补者。要与顾客、供应商、雇员及其他人密切合作以创造价值,这是开发新市场和扩大原有市场的新途径。

竞合理论强调合作的重要性,有效克服了传统企业战略过分强调竞争的弊端,为企业战略管理理论研究注入了崭新的思想。竞合理论同时为产业互联网提供了很好的理论支撑:产业链中的企业通过产业互联网平台的连接协同,降低同行间的同质化恶性竞争,减少上下游之间的价格博弈,通过寻找产业外的如金融资源等互补者,共同推动产业生态的升级进化。

2.2.2 竞争边界理论

竞争边界理论,是由被誉为"竞争战略之父"的美国学者迈克尔·E.波特(Michael E.Porter)提出来的。在 2001 年 3 月《哈佛商业评论》（*Harvard Business Review*）上，波特发表了《战略与互联网》（*Strategy and the Internet*），认为互联网的出现，实现了个体生产活动与外部供应商、渠道和客户之间跨地域的协调与整合。企业甚至可以对全球的供应链系统进行紧密整合。

在 2014 年《哈佛商业评论》（*Harvard Business Review*）上，迈克尔·E.波特发表的文章《迎接第三次IT浪潮》认为，信息技术为所有产品带来革命性巨变。原先单纯由机械和电子部件组成的产品，现在已进化为各种复杂的系统。硬件、传感器、数据存储装置、微处理器和软件，以多种多样的方式组成新产品。借助计算能力和装置迷你化技术的重大突破，这些智能互联产品使竞争的边界已经发生了重大改变，这将开启一个企业竞争的新时代。

波特认为，智能互联产品不但能重塑一个行业内部的竞争生态，更能扩展行业本身的范围。除了产品自身以外，扩展后的行业竞争边界将包含一系列相关产品，这些产品组合到一起能满足更广泛的潜在需求，单一产品的功能会通过相关产品得到优化。例如，将智能农业设备连接到一起，包括拖拉机、旋耕机和播种机，这些设备的整体性能就会提升。在农机设备业，行业边界从拖拉机制造扩展到农业设备优化，甚至不仅将农机设备互联，更连接了灌溉、土壤和施肥系统，公司可随时获取气候、作物价格和期货价格的相关信息，从而优化农业生产的整体效益。

那些高瞻远瞩的公司将进化为系统整合者，取得行业的统治地位。首先，由于行业进入壁垒的提高，加上早期积累数据带来的先发优势，很多行业将进入行业整合期。其次，在边界快速扩张的行业，行业整合的压力会更大。单一产品制造商很难与多产品公司抗衡,因为后者可以通过系统优化产品性能。最后,一些强大的新进入者会涌现,它们不受传统产品定义和竞争方式的限制,也没有高利润的传统产品需要保护,因此它们能发挥智能互联产品的全部潜力,创造更多价值。一些新进入者甚至将采用"无产品"战略,打造连接产品的系统将成为它们的核心优势,而非产品本身。

2.2.3 价值网理论

价值网的概念是由亚德里安·J. 斯莱沃斯基(Adrian J. Slywotzky)在《利润区》(The Profit Zone)一书首次提出的。他指出,由于顾客的需求增加、国际互联网的冲击以及市场的高度竞争,企业应改变模式设计,将传统的价值链转变为价值网。对价值网做进一步发展的是美国学者大卫·波维特(David Bovet),他在《价值网》(Value Nets)一书中指出,价值网的本质是在专业化分工的生产服务模式下,通过一定的价值传递机制,在相应的治理框架下,由处于价值链上不同阶段和相对固化的彼此具有某种专用资产的企业及相关利益体组合在一起,共同为顾客创造价值。产品或服务的价值是由每个价值网的成员创造并由价值网络整合而成的,每一个网络成员创造的价值都是最终价值不可分割的一部分。

价值网络的思想打破了传统价值链的线性思维和价值活动顺序分离的机械模式,围绕顾客价值重构原有价值链,使价值链各环节以及各不同主体按照整体价值最优的原则相互衔接、融合以及动态互动。利益主体在关注自身价值的同时,更加关注价值网络上各节点的联系,冲破价值链各环节的壁垒,提高网络在主体之间相互作用及其对价值创造的推动作用。

价值网理论首先强调客户价值是核心,并把客户看作价值的共同创造者；其次，能够敏锐地发现客户群的需求信息，并把这些需求信息及时准确地反馈给生产厂商和供应商，使得价值网络里的每个参与者都能够贴近其客户，对市场状况及其变化迅速做出响应的企业将成为价值中枢；最后，数字化的关系网络是价值网实现的重要支撑。数字化的关系网络可以迅速协调网络内企业、客户及供应商的种种活动，并以最快的速度和最有效的方式来满足网络成员的需要和适应消费者的需要。

2.2.4 平台生态圈理论

对产业互联网发展很有指导意义的另一个理论是以陈威如教授和廖建文教授为代表提出的"平台生态圈"理论。

陈威如教授在《平台战略：正在席卷全球的商业模式革命》一书中对平台战略进行了详细的论述："平台模式的精髓，在于打造一个完善的、成长潜能强大的生态圈。它拥有独树一帜的精密规则和机制系统，能有效激励多方群体之间互动，达成平台企业的愿景。平台生态圈里的一方群体一旦因为需求增加而壮大，另一方群体的需求也会随之增长。如此一来，一个良性循环机制便建立了。"平台化能够改变生产关系，让生产关系从博弈到共赢。做平台的一个关键点是：连接上下游之后，还能持续创造价值。发展平台最重要的不是推出一流的硬件设备，而是平衡相关方的利益关系，使平台各方参与者都能够从平台获利，建立共赢的产业生态圈。

平台经济的另一个重要内涵是"共享、赋能"。平台通过连接各方，将闲散的需求和资源进行整合，并通过平台共享，不仅让每个单体企业获得规模效应的红利，还极大地提升了资源的配置效率，这也是产业互联网创造价值的本质。

廖建文教授在哈佛商业评论中撰文《新竞争环境下的生态优势》，他指出：新竞争环境下，企业或者个人有别于以往传统的竞争优势，需要充分关注生态优势。生态优势背后的假定不再是零和博弈，而是共赢，是把饼做大，形成共生、互生、再生的利益共同体。生态优势不追求"为我所有"，而是"为我所用"，生态圈核心企业有效地与外部发生连接。企业价值的创造不再是企业内部的活动，而是与外部伙伴——可以是上下游、互补品生产商，甚至是消费者和用户共同创造。

2.2.5 和谐管理理论

和谐管理理论由席酉民教授在 20 世纪 80 年代运用系统工程的理论思想与方法论，结合中国的整体论和实践智慧，在解决大型工程运行中的内耗问题过程中创立的，后来在应对不确定性环境中的复杂性问题等过程中不断得到发展。

在数字化、智能化的高度互联世界里，和谐管理的系统整体观、演化观有助于人们分层次、分阶段地、精细地认识事物，把握问题所在，其问题解决思路（"主题导向下和则、谐则进行耦合"）能够提供方向导引，促进不同利益主体形成共识，并形成协作型的问题解决共同体与方案，这提供了共生关系建立的前提，进而在和则、谐则耦合互动基础上形成多元主体的共生生态系统。

和谐管理不仅勾勒了共生生态系统的构建方式，还探讨了生态红利获取的途径：通过打破边界、融合、平衡、边缘创新等方式实现共享、共生等效应（如红利），并通过促进局部效应（红利）的扩散、反馈、指数型放大等实现生态系统的效应（红利）。用公式表达：

$$\delta_{eco} = \delta_1 + \delta_2 + \delta_3 \quad\quad 式2\text{-}1$$

式中：δ 是指效应或红利；

δ_1——局部打破边界的共享红利；

δ_2——多元共处、互动和创新产生的共生红利；

δ_3——因生态系统的相容性和扩展性在系统层面涌现、传播的红利。

和谐管理理论为产业互联网平台型组织的演进发展，以及产业生态的价值评估提供了理论依据。我们将在2.5"产业互联网的三大公式"中进一步阐释。

2.3 产业互联网和其他概念的区别

2.3.1 产业互联网与供应链创新

产业互联网与供应链关系密切。从概念上讲，供应链是围绕核心企业，通过对信息流、物流、资金流的控制，从原材料开始，制成中间产品以及最终产品，最后由销售网络把产品送到消费者手中的过程，将供应商、制造商、分销商、零售商、物流服务商直到最终用户连成一个整体的功能网链。互联网技术的应用，推动了供应链管理的创新。供应链创新的核心就是在供应链的各个环节充分运用互联网新技术，提升供应链的效率，降低供应链的成本。现代供应链的特征：一是全局化，从站位、视野、范围上关注全产业链；二是个性化，要求精准满足需求；三是柔捷化，这是竞争优势的体现；四是数字化成为基础设施。市场竞争从过去的单打独斗发展到整个供应链的竞争，因此，现代供应链的管理理念更强调资源整合、协同运作、供需匹配和利益共享。

而产业互联网的核心也是围绕供应链的效率提升和成本降低，但是，它更强调从全产业的供应链角度，通过各种互联网的新技术手段，构筑更加完善、更加广泛的产业服务体系。产业互联网强调构建服务的基础设施，强调服务创造价值，通过整合资源、共享资源和服务，从而实现生产方式（智能制造）、服务方式（共享服务）、价值创造（合作共赢）等多方面的转型发展。

随着产业链的不断专业化分工，一个产品往往涉及成百上千个构成部件在多个国家/地区和企业间形成分工合作的产业供应链。因此，将供应链创新和产业互联网理念结合，构建有竞争力的产业供应链体系是大势所趋。

2.3.2 产业互联网与消费互联网

消费互联网时代的主角是BAT（百度、阿里巴巴、腾讯）等企业，它们分别在搜索、电商和社交等领域取得令人瞩目的发展。消费互联网时代以"眼球经济"为主的商业模式，极大地冲击了传统的零售业、娱乐业等，并逐步渗透到人们衣食住行等生活的方方面面。

但消费互联网的触角主要集中在线上和个人消费者，吸引消费者的是便宜、免费的东西。消费互联网在长时期内都是利用补贴的方式，把流量吸引过来，再改善品质。但是，这种方式难以解决线下实体产业优化、产品服务附加值提高、生产效率提高等核心问题。

产业互联网更关注如何通过互联网技术对产业链供给侧进行资源整合和流程优化，去掉或减少产业链的不增值环节，推动产业链中介向增值服务商转化，促进产业链上企业间的分工协作，实现对产业链生产关系的改造优化和生产力的赋能提升。产业链越是复杂和服务分散，通过建立产业互联网平台进行整合与优化所带来的价值提升空间也越大。产业互联网需要更加专业的行业积累和对产业的深刻洞察与业务理解,因此很难出现寡头垄断的局面,在每个垂直产业领域都有可能出现多个产业互联网的平台型企业。

消费互联网和产业互联网最终将走向打通融合,实现从源头到终端的全产业链优化。目前,大部分产业互联网平台解决的依然是产业链局部的连接优化,而随着产业链打通连接的环节越多,其所能创造的价值也越大。未来十年,通过产业平台间链接的打通,通过产业互联网与消费互联网的携手升级,将实现真正的全产业链的互联化、数字化和智能化。

2.3.3 产业互联网与电子商务

电子商务是指通过使用互联网等电子工具,以计算机网络为基础所进行的各种贸易活动,包括商业活动中的买卖和交易环节,既包括 B2C(消费电商),也包括 B2B(产业电商)。

在 B2C 中,线上交易平台所带来的便利性获得了消费者的极大认可。然而,仅有线上交易平台,没有背后的供应链物流支撑,也是难以为继的。在 2016 年 10 月的阿里云栖大会上,马云提出:"未来的十年、二十年,没有电子商务这一说,只有新零售。"所谓新零售,强调企业以互联网为依托,通过运用大数据、人工智能等先进技术手段,对商品的生产、流通与销售过程进行升级改造,进而重塑业态结构与生态圈,并对线上服务、线下体验以及现代物流进行深度融合的零售新模式。可见,传统 B2C 也向着线上线下融合、交易与供应链服务结合的方向发展。

同样在 B2B 发展中,由于产业上下游都有相对稳定的供应商和客户群体,销售过程复杂,仅提供线上交易平台和撮合交易很难满足 B 端客户的要求，必须从整个产业供应链角度考虑其他增值服务以形成足够的平台黏性和吸引力。汇聚各种服务要素，以及通过服务要素间有效组合，为产业链提供有价值的赋能和服务，从而推动产业电商平台逐渐向产业互联网的综合服务平台升级。因此，产业互联网已经不再是单纯的 B2B 平台，它是从核心的交易服务到生产、流通、金融等衍生的生产服务环节的综合服务化升级，最终形成产业链集成服务体系。

2.3.4 产业互联网与行业互联网

行业互联网是指其按生产同类产品或具有相同工艺过程或提供同类劳动服务划分的经济活动的互联网化，比如各类行业资讯网站、行业联盟平台等，对行业圈子具有共同属性的人和信息进行连接，侧重行业资讯和专业化发展。而产业互联网是由产业链上下游以及具有不同分工的利益相关者所组成的生态体系，比如，一个农业产业互联网中可能包含农户/种植户、农资和农机提供商、加工商、贸易商、农科院所、金融机构，甚至政府主管部门。尽管分属不同的行业和领域，但是，它们的经营对象和经营范围是围绕着共同的产品和服务需求的满足而展开的，进而形成一个完整的产业生态圈。

2.3.5 产业互联网与工业互联网

按照工业互联网产业联盟的定义："工业互联网是新一代信息技术与工业系统全方位深度融合所形成的产业和应用生态，是工业智能化发展的关键综合信息基础设施。"工业互联网通过搭建支撑制造业数字化、网络化、智能化发展的集成化技术平台，帮助制造业实现智能化生产、网络化协同、个性化定制和服务化延伸。

1. 两者的区别

产业互联网是从产业链的视角来看的，一条完整的产业链可能同时包含第一、二、三产业的融合打通，而工业互联网主要针对工业/制造业；产业互联网强调通过"商业模式创新+利益机制优化"进行整个产业链的优化重构和要素重组，实现产业链上下游大中小企业融合发展，而工业互联网则更关注制造企业本身的智能制造和生产过程控制水平的提升。

2. 两者的联系

对于制造业的转型升级，工业互联网是产业互联网的基础和前提。行业骨干企业只有通过工业互联网的数字化、网络化、智能化改造，形成内部的核心能力，才有可能进一步平台能力开放化，升级为面向整个产业的赋能和共享服务平台。产业互联网是工业互联网的升维发展，即在工业互联网实现产品智能化、制造智能化、服务智能化的基础上，进一步从产业链视角进行商业模式创新，开展设备共享、产能共享、金融创新等，优化产业链资源配置和成本结构。

2.4 从企业数字化到产业互联网

企业开展数字化转型包括哪些方向？产业互联网和企业数字化转型之间有何关联？围绕这两个问题，AMT研究院基于各行业企业数字化转型实践，提出新时代企业高质量发展一体两翼模型（见图2-2），强调数字化转型是一个由内到外的能力构建过程，从企业内部的流程打通、IT集成和组织赋能等基本功打造到新形势下积极发展起飞的两翼，一翼是企业智能化，另一翼是产业互联网。

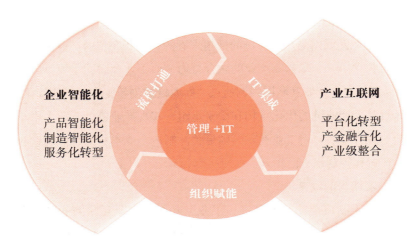

图 2-2 企业高质量发展一体两翼模型（来源：AMT 研究院）

2.4.1 以"一体"夯实高质量发展的内部基础

企业高质量发展一体两翼模型，首先非常强调一体，也就是内部的强体。如果一家企业没有练好内功，就像在一个没有稳固地基的沙滩上建筑大厦，那么，势必是不够牢固的。内部的强体，强调的是管理和 IT 手段的结合，并不是把酷炫的科技如大数据、云计算、人工智能、区块链简单地应用到一个企业中，一切问题就能够解决，而是要将技术和企业的战略、商业模式、组织机制和运营流程相结合。实现"管理 +IT"的融合非常重要，具体体现在三个方面。

1. 流程打通，将部门级流程转变为企业级端到端流程

流程就是跨多个不同岗位和不同部门的工作流转的过程。通过流程打破部门墙，把外部客户的需求很好地、无障碍地传递到各个部门，实现客户导向的内部高效协同。流程建设有两个关键点：

一个关键点是如何形成客户导向,以客户为中心,更好地了解客户,掌握客户的价值诉求,提升客户的体验;另一个关键点是在了解客户需求和期望后,企业内部如何通过流程进行过程组织协调,从而能够最快最好地实现客户价值目标。所以对于流程建设,我们要首先眼光向外,全网、全渠道、全生命周期地去了解客户、研究客户,建立360°客户画像,并形成客户端的流程集成,进一步通过流程的衔接形成客户导向的前后台紧密协同,将客户的需求实现、客户的体验期望通过企业级的端到端流程从前台到后台去分解落实。

2. IT集成,建立一体化的企业数字神经网络

有很多企业在过去建设了财务系统、ERP系统、CRM系统,以及移动端App等,在不同的业务领域都开发了不同的系统。从当时来看是提升了局部的业务效率,但是从今天整体来看,由于这些系统之间流程上没有打通,数据上没有集成,形成了一个个信息孤岛,造成企业的整体效率低下。因此,企业的信息化建设一定要从整体上进行规划,保证企业的整个流程到IT系统之间是一体化的,是打通和集成的,基于IT系统的支撑,减少流程上的不增值冗余环节,实现流程的高效运行。

同时,很多企业在信息化建设过程中,重功能,轻数据,造成这些系统里的数据质量参差不齐,数据口径定义不一样。虽然有了一些数据积累,但是,这些数据不能有效地支持企业的经营分析决策。所以,在IT集成时也强调,系统中的数据定义、数据标准也应该是从整个公司角度统一定义的、标准化的,这样才能够随着业务流程的运转,在企业的IT系统里沉淀并积累对企业长期发展有用的大数据,并进一步通过这些大数据的分析应用推动流程的持续优化。

3. 组织赋能,打造赋能的组织平台

《重新定义公司》一书中提到:"未来组织的功能不是管理和激励,而是赋能!"随着企业的发展,组织规模越来越大,成立了各种专业的职能部门和事业部,发展出集团化母子公司等。这时候要重点解决,如何既能实现组织的规模化发展,又能保持面向市场的灵活响应,需要对组织架构和组织机制进行优化。集团型总部要从管控型向服务与赋能型转变,而业务单元则需要通过划小核算单元、建立事业合伙人机制或内部创业机制等,建立公开透明的利益共享机制等方式激发组织活力,并进一步连接产业链上下游更多的事业合伙人或者城市合伙人。

以上三个方面的基本功打造,是企业转型产业互联网的平台赋能能力的积累。核心企业只有通过内部流程化和信息化建立管理标准规范,形成数据积累,完成向数字化企业的转型,才有可能承担产业链赋能的角色。在产业互联网中,核心企业优势领域的信息系统将成为产业互联网的中台赋能系统,产业链上下游的企业内部业务系统都将与产业互联网平台连接并进一步集成。

2.4.2 两翼之一"企业智能化"

企业智能化,包括产品智能化、生产智能化和服务化转型。通过产品智能化和生产智能化,实现客户、产品、数据和服务的联网,在此基础上就可以进一步进行企业的商业模式升级,实现从卖产品到提供更个性化、更具黏性的运营服务的转变升级。

1. 产品智能化

产品智能化主要应用于设备制造业,即通过物联网技术实现对产品的全生命周期使用状态数据的实时采集,以及对产品的远程操作和远程升级等,实现可视、可控。在这个基础上,就可以延伸出很多创新的商业模式。

案例一:某动力锂电池制造企业,通过物联网传感器可以采集到锂电池全生命周期状态数据,基于大数据的分析应用,可以及时进行产品的批量整改和优化升级,同时为终端用户提供电池的故障预警和维修保养等个性化的增值服务,为整车厂提供更稳定的产品和更及时的维修承诺,进一步实现从卖产品到卖安全运行时间的运营模式升级,为维修加盟商提供开放化的众包服务平台,以及电池的回收和梯次利用服务等(见图2-3)。

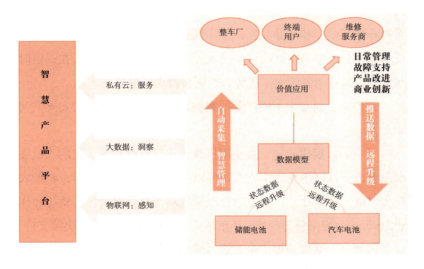

图2-3 基于智慧产品平台实现服务化转型

案例二：某机械设备制造企业基于产品智能化，建立覆盖产品全生命周期的"服务＋金融"体系和以融资租赁服务为基础的"一站式服务"的销售支持方案，帮助客户解决购买大型机械设备时资金不足的问题，减轻客户一次购买设备的大笔资金投入，并进一步将业务拓展到分时租赁等设备共享服务和二手设备回收服务，形成覆盖全生命周期的服务生态系统。

案例三：某净水设备企业，从过去的卖净水设备到提供净水服务，从一次性的卖设备收入转变为按照流量和服务收费。对客户来说，减少了一次性的设备购买成本以及定期更换滤芯的麻烦；对这家净水设备企业来说，获得了持续的客户黏性和稳定的现金收入。

2. 生产智能化

生产智能化适用于各行业领域，充分考虑将物联网、大数据、人工智能等新技术应用于生产过程，对生产流程进行改造优化，从而提升生产效率和产品品质，并降低总成本（在智能制造的改造过程中要充分考虑一次性的设备投入加上持续的运维成本，在一定时间周期内具有明显的成本优势，否则将很难落地推行）。

我们从下面几个不同产业的案例来看，生产智能化的发展空间非常大。

案例一：福建省建宁县使用搭载北斗自动化检测系统的农机在水田上进行打田作业，作业面积可以实时在云端自动展示，帮助农户和司机、合作社、乡镇土地管理所自动实时获取定位、轨迹和作业面积，为政府主管部门快速了解作业耕种情况，提供政策决策支持。

案例二：某服装加工企业通过缝纫设备的智能改造，可以实时了解每个工人的工作情况，从而实现用工管理优化，比如，通过数据分析判断缝制工艺的质量标准情况,对不熟练的员工加强培训。当多个服装加工厂都通过使用该智能设备联网后,通过后台统一的大数据云平台,可进一步实现原料集采、产能共享等。

案例三:新华社通过知识智能化应用与采编流程结合,推出"机器人记者——快笔小新",用机器人写体育、财经、灾害等规范化程度较高的稿件,一方面提高新闻发布速度,另一方面解放记者、编辑的时间,用于更有创造性的工作。

3. 服务化转型

制造企业发展生产性服务业是其转型升级的有效途径之一。发展生产性服务业有两个方向:一是产品服务化转型(见图2-4),企业不再满足于一次性的物质产品交易,而是以产品为载体提供一系列增值服务,包括产品使用支持、维修、保养、能源管理、升级改造、回收再利用以及金融创新服务等;二是产业服务转型,即将

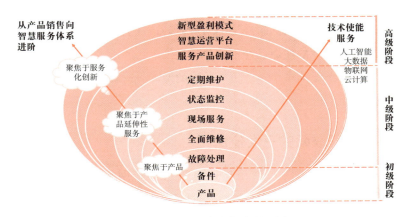

图2-4 制造业服务化转型升级路径

企业内部的生产性服务部门转型升级，通过能力开放，打造面向全产业提供共享服务的产业互联网平台。

2.4.3 两翼之二"产业互联网"

企业数字化转型是通过在企业内部研发、生产、销售各个环节的信息化和新技术应用，从而达到优化流程、提升效率、降低成本的目的。而产业互联网则是跳出企业，从企业家到产业家，从企业内部的端到端流程打通到整个产业价值链的整合优化。从整个产业链的视角和格局思考产业链的痛点，进行产业价值链的优化和资源的整合，打造产业级共享服务平台，为产业链上下游提供集成共享服务，推动整个产业链的优化升级。

如果企业自己练好了内功，又在不断地加强产品制造服务各方面的信息化、数字化、智能化的转型和升级，那么，拥有这种能力的企业就会比其他同行要强。这种能力能不能输出给产业当中更多的中小企业，能不能和它们发展一种不是单纯的竞争，而是竞合的关系？一方面带动产业的升级，另一方面使得企业在原有传统业务之外发展出基于互联网新经济的增量业务，从而实现自身的裂变式增长？这时企业的使命已经不单单是提供单一的进入市场的产品和服务，而是要赋能整个产业更高质量的发展，这就是产业互联网的途径。

2.5 产业互联网的三大公式

如何用更简洁的方式来表达和衡量产业互联网的价值和发展的规律？我们总结出产业互联网的三大公式：产业互联网价值公式、产业互联网建设成本公式、产业互联网估值公式。下面我们一一展开介绍。

2.5.1 产业互联网价值公式

在产业互联网的定义中我们对其进行了价值描述:产业互联网通过从整个产业链角度做资源整合和价值链的优化,从而降低运营成本,提高产业的运营质量和效率,并通过新的产业生态为客户带来新的体验与社会价值。

那到底如何来测量产业互联网创造的这种巨大的价值呢?我们依据席酉民教授的和谐管理理论,与西交利物浦大学和谐管理研究中心一起进行了这个方面的研究,形成产业互联网的价值公式(见图 2-5、式 2-2)。

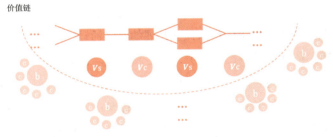

图 2-5 产业互联网价值公式图示

$$产业互联网的价值(IIV)=[(共享价值(Vs)+共生价值(Vc)] \times 共创指数(A) \quad 式2\text{-}2$$

式中:

IIV——产业互联网价值(生态红利);

Vs—— 共享价值;

Vc——共生价值;

A——Amplification,共创指数,和时间 t 与耦合度 C 相关。

产业互联网的价值是这个产业上所挖掘出来的共享价值,加上共生价值,再一起去乘以共创指数。这中间有三个"共":"共享""共生""共创"。

共享价值是指单体可进行的经济活动在未开放共享时成本较高,但当单边主动在价值链条节点进行资产共享、资源共享等,就可以实现成本分摊。比如农业产业链上的农机共享,单一农户购买成本很高,且大量时间闲置导致投入产出比低,这时采用共享模式对所有参与者都显著降低了成本。此外,通过平台建设共用的基础设施,如一些产业互联网平台提供集中采购、集中物流、共享仓库、统一检测等服务,以及构建产业级的 IT 基础设施平台,避免了重复建设,同时还可以产生规模效益,降低成本。

共生价值是指单体难以孤立开展的经济活动需要产业内或跨产业多边主体互动(多边共生),产生新价值。比如金融机构和产业互联网平台共同为平台上的中小微企业提供供应链金融服务,金融机构需要依赖平台的产业大数据、信用体系以及真实交易与流程闭环来实现风控,产业互联网平台需要依靠金融机构来提供供应链金融的资金支持,从而吸引更多的产业链中小微企业和平台连接,提升平台的交易量和数据资产的积累,所以,金融机构和产业互联网平台就是一种共生关系,双方协作,继而产生额外聚合效益。

最后是共创指数。不管是共享价值还是共生价值,如果新的价值只在一个地方一次性发生,产业互联的效应就不能显现出来,因此,要把这些价值加起来之后乘以共创指数。这个共创指数和时间 t 与耦合度 C 相关,即要实现指数型增长效益,就需要随着时间推移,在价值链上不断连接更多的 B 端用户,在 B 端上连接更多的 C

端用户。连接的 B 端用户和 C 端用户越多,产生的共享、共生价值就越大。在共创的过程中通过耦合互动,平台参与者共同制定规则,参与者越多,规则在产业的影响力越大,平台价值越显性化,从而得以被更多 B 端用户和 C 端用户分享。

2.5.2 产业互联网建设成本公式

很多企业在推进产业互联网时最容易进入的一个误区是将产业互联网视为 IT 项目,由 IT 技术来主导,而不是用产业增值服务的思路来主导,这样导致的结果是,按 IT 功能模块来采购或者开发平台,投入了数千万元建设平台却没有人愿意来用,产生不了在线业务和交易量。

我们总结了大量产业互联网成功的实践,以务实和落地的原则梳理出产业互联网的建设成本公式(见式 2-3)。

产业互联网的建设成本($IICC$)=产业链 MVP 识别筛选的成本(C_i)+ MVP 的个数(N)×[MVP 详细设计成本(C_d)+ MVP 平台功能定制成本(C_f)+ MVP 持续运营成本(C_o)] 式 2-3

式中:

$IICC$——产业互联网的建设成本;

C_i——产业链 MVP 识别筛选的成本;

N——MVP 的个数;

C_d——MVP 详细设计成本;

C_f——MVP 平台功能定制成本;

C_o——MVP 持续运营成本。

"产业链 MVP 识别筛选的成本"就是在启动产业互联网平台建设时需要集众智来进行平台发展路径规划的成本;"MVP 详细设

计成本 + MVP 平台功能定制成本 + MVP 持续运营成本"则是每一个 MVP 都需要进一步细化到具体运行的流程规则，落地到相应的 IT 系统功能，以及持续运营推广所产生的成本。这个总成本远远小于一次性投入建一套豪华的 IT 平台的成本，并能一步步看到实实在在的收益。

这个公式不是各类 IT 功能软件的开发 / 采购成本之和，而是按照运营迭代的思路来推进一个个的 MVP（Minimum Viable Product，最小可行产品）。这个 MVP 也称为产业互联网的最小闭环，即能够解决产业链上下游客户痛点的一个最容易切入的、有价值的服务。这个有价值的服务可以吸引客户将线下业务连接到线上平台。当第一个 MVP 运营推广形成一定的客户流量数据积累之后，再结合客户需求识别推进下一个 MVP，形成更强的客户黏性。而在一个个 MVP 实现的过程中，平台由于创造价值得以分享价值，实现一个可盈利的持续发展。如何识别 MVP，将在 4.3"产业互联网的发展路径"中进一步展开。

2.5.3 产业互联网估值公式

目前很多产业互联网的平台企业都获得了数千万元或上亿元的融资。为什么它们能获得比较高的估值？产业互联网的估值由什么来决定呢？我们总结出产业互联网的估值公式（见式 2-4）。

产业互联网的估值 $[f(IIVA)]$ ={可在线的产业资源（R），可闭环的产业服务（S），可持续的产业运营（O）}　　式 2-4

式中：

IIVA——产业互联网的估值；

R——可在线的产业资源；

S——可闭环的产业服务；

O——可持续的产业运营。

衡量产业互联网的估值主要看三个因素。

可在线的产业资源：产业互联网强调全产业链的资源连接和整合，如，通过平台连接了多少产业上下游的客户，连接了多少工厂和设备可以实现产能共享，连接了多少仓储资源和物流资源以保障供应链的及时交付，连接了多少金融和专业服务资源。

可闭环的产业服务：产业互联网是一个产业级的集成服务平台，平台能够提供为客户带来收益的增值服务越显著，客户就越有黏性，平台也越有竞争力。随着平台的发展，可以不断衍生出新的服务，同时各项服务间能够产生比较好的协同效应。

可持续的产业运营：不管产业互联网的商业模式听起来多么高大上，要想保持长久生命力，还是要靠持续的运营，具体反映在，通过运营服务能够获得持续流水式的收入，客户数量和客户黏性持续增长等。通过精益化运营的降本增效，不但帮助客户显著提升效率和降低成本，同时平台也能够获得比较好的毛利。

第3章

产业互联网的顶层规划

产业互联网转型,首先我们需要通过顶层规划,明晰其整体架构。一个典型的产业互联网平台,到底应该由哪些部分构成,应该面向产业链上下游提供哪些共享服务?本章我们从大量实践中的产业互联网平台面临的现状问题入手,提出产业互联网平台的能级提升路径和整体架构。

3.1 大量产业互联网平台需要能级提升

目前,在很多产业链上已经陆续出现多种模式的产业互联网平台探索,然而由于缺乏政策扶持、专业引导、供应链金融资金和资源支持等,导致服务深度不够,发展较慢,规模较小。在目前的产业平台中,真正做到产业互联网化的大概只有10%,剩下的90%运营不佳,其中30%处于仅提供资讯和信息撮合服务,50%的电商交易平台对客户来说价值不是很大,还有10%基本属于假平台或处于僵尸状态。

我们调研分析大量平台运营不佳主要有以下几方面原因。

不熟悉产业，对于产业的痛点和深层次的需求不能准确把握。产业互联网平台的构建前提是比较好的产业基础，若缺乏对产业的认知、理解与积淀，产业互联网无疑是空中楼阁。

平台涉及品类太分散，业务范围不聚焦。不管是在大宗商品还是工业品领域，每一个产业都是数万亿的市场，涉及很多细分的品类。做一个大而全的电商平台在 To C（对个人）领域是可行的，但是，在 To B（对企业）端，必须先聚焦核心品类，在细分领域做深、做透，为产业用户提供真正有价值的深度服务，在经过验证的商业模式和业务闭环基础上再逐步拓展。

用 To C 促销、优惠的方式让客户配合做量。产业互联网平台不能单单提供产业链的增值服务，仅仅切入交易是不行的。靠用促销优惠的方式获取交易量，做大 GMV（Gross Merchandise Volume，在线交易额），是不能形成平台持续的生命力的。

用行政手段推动业务从线下到线上。产业互联网平台在启动之初，通常会将过去积累的线下资源引导至线上，成为第一批种子用户来跑通业务闭环并验证模式的可行性。但是，如果平台不能通过产业链优化和增值服务为客户带来新的价值，仅是线下业务线上化，也是很难持久的。

主要依靠技术驱动来建设平台。产业互联网是产业级的业务流程再造和产业链利益机制重构，如果不能充分考虑产业各参与主体的价值获得和利益机制，仅靠技术创新是不能带来平台的业务增量的。

通过线上服务代替线下服务。产业互联网是企业对企业的服务,这种服务带有很强的O2O特征,必须做好线下的服务。如果仅仅是建一个线上平台,进行线上服务,缺乏对产业客户的线下深度接触和服务,不能线上线下融合打通,也无法形成可滚动发展的业务闭环。

忽视标准规范的建设。产业级的流程和服务要实现规模化发展,一定依赖于每一个关键环节的业务流程和标准建立,同时需要通过数字平台来积累和发展生态化的标准服务能力。

3.2 产业互联网平台的提升路径

通过对各类产业互联网平台的观察分析,我们总结出产业互联网平台能级提升的不同阶段(见图3-1)。

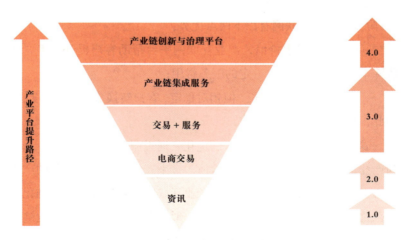

图3-1 产业互联网平台能级提升

产业互联网平台按照成熟度可分为四个阶段。目前，大部分平台仍处于1.0阶段（平台提供资讯发布以及基于供需信息进行交易撮合）或者2.0阶段（电商交易，利用信息不对称获得交易差价）。处在1.0和2.0阶段的平台目前发展都面临瓶颈，一是客户全生命周期的价值没有被挖掘出来，二是客户体验和激动指数不够，很难向线上转化，以及进一步形成平台黏性。因此，产业互联网平台需要向3.0阶段提升。从产业痛点入手，借助互联网对产业链进行资源整合和价值链优化，向客户提供有价值的服务，并随着平台发展不断延伸新的服务组合，最终形成围绕产业链的集成服务。

3.0阶段的产业链集成服务平台能够真正推动实体产业的转型升级，这中间可能有金融服务、物流服务、技术服务等。经济下行背景下，企业需要更多的专业赋能，拥有的服务平台综合性越强，平台上的用户黏性就越大，那么，客户离开平台的难度也就越大。3.0阶段的产业互联网有以下两点优势：

（1）付费代表价值，产业互联网平台帮助客户提升效率、增收降本，客户愿意支付一定的服务费用；

（2）客户积累时间长，但相对稳定，客户转换成本高、黏度高，因此，具有明显的叠加效应。

这样通过产业链的不断打通优化，通过服务的不断集成，从而为产业链上下游不断创造新的价值，带来新的体验，形成新的产业生态。在这种新的产业生态下，产业互联网平台通过不断标准化、规范化，完善规范行业标准和规则，形成产业信用体系、产业链治理体系，从而逐渐向4.0阶段迈进，推动产业在有序规则下的竞争合作，形成持续、健康、稳定发展的新秩序。

案例：摩贝化学品电商综合服务平台的发展路径

摩贝是化工行业领先的电商综合服务平台，针对传统化学品交易信息不对称、中间贸易链条长、交易效率低下等问题，摩贝为全球化工、医药、新材料等行业的供应商和采购商提供信息资讯、高效交易匹配、供应链金融和现货商城等闭环服务，致力于改变传统化学品交易模式，使全球化学品交易变得透明、简单、高效。

从2011年成立做数据服务起家，摩贝围绕客户需求一步步发展成产业链集成服务。从摩贝的发展经历可以看到一个典型的产业互联网平台的成长之路。摩贝的业务模式发展经历了以下几个阶段。

第一阶段为化合物数据库。2011年成立初始阶段是从化合物数据库切入，将化合物产品数据标准化，并建立数据库线上平台，开放给供应商，其中包含化合物性质、上下游关系、MSDS（化学品安全技术说明书）、专业图谱等，同时还开发了化合物神经元产品推送系统。

第二阶段为撮合交易。在化合物数据库商业化之后，随着供应商将庞杂而结构化的化合物产品信息上传到数据库中，摩贝成了行业内最大最专业的化合物搜索引擎。而随着日益增多的采购商询盘，摩贝平台开始协助供应商和采购商交易，即撮合。随着撮合服务的深入，客户对交易相关的延伸服务的需求与日俱增，尤其是外贸相关的认证、报关、收汇结汇、退税等，摩贝开始了化学品外贸出口服务。

第三阶段为供应链金融。在撮合服务中，针对国内市场，采购与供应双方对于账期服务的固有需求展现出来，并成为亟待解决的问题。供应商希望先付款后发货，而采购商希望先发货后付款，资金需求与付款机制是B2B交易的核心诉求之一。在此基础上,摩贝供应链金融服务正式开启,针对化学品供销存各环节的需求特点,先后开发出了为企业采购、销售、仓储端服务的多款标准化金融产品,同时提供定制化的供应链金融服务。

第四阶段为现货商城。在化合物百科数据库、撮合服务、供应链金融服务之后,为了满足供应商更精细化、更专业、基于交易的服务需求,摩贝开启了现货商城,提供在线支付体系,并将服务延伸到仓储、物流端。至此,摩贝打通了化学品线上交易、线上支付、线下物流和仓储、多元化的供应链金融服务以及外贸出口服务等关键环节,用互联网的开放、透明和高效,创造了全新的化学品生态链。

2019年12月30日,摩贝在美国纳斯达克成功上市。2019年全年摩贝总交易量达到2551亿元,实现营业收入132.46亿元,累计为23万用户提供服务,其中包含11.6万家采购商和3.5万家供应商。

3.3 打造面向全产业链的集成服务平台

交易量是衡量产业互联网平台运营好坏的重要指标之一,无论产业互联网平台提供的是有形商品的交易,还是无形服务的交易,抑或是既有商品又有服务的复合交易,成功交易是结果。是什么原因使得交易能够在这个平台上发生呢?答案是服务。3.0阶段的产业互联网就是要构建一个面向全产业链的集成服务平台(见图3-2),通过服务的吸引,实现存量经济(例如粮食交易、煤炭交易、工业品交易、各种各样专业服务的采买产生的数以亿计的GDP的产业产值)在线化。谁能够在这样庞大的存量经济当中率先做出在线交易的平台，成为一个产业的在线交易中心和结算中心，谁就抢到了数字经济的头筹，能够为这个产业进一步推行信用体系、建立标准规范发挥重要作用。

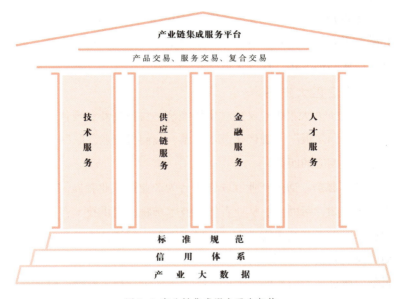

图 3-2 产业链集成服务平台架构

这个平台需具备三大基础、四大支柱，从而支撑平台成为产业级的交易结算中心。

3.3.1 三大基础

产业大数据：通过产业链的数字化和信息打通，形成产业链各环节的大数据积累，从而提升产业的智能化分析预测、供需精准匹配和风控预警能力，带动供给侧改革优化，实现用户个性化需求满足。

信用体系： 随着在线交易结算以及履约情况等产业大数据积累，将逐步形成产业信用体系，为供应链金融风险控制和产业链交易规范提供基础保障。

标准规范： 建立产业链运作过程中的产品、技术、质量等标准，并融入平台运作流程，从而借助平台推动各方遵守行业规范，推动整个产业的标准化、规范化提升。

3.3.2 四大支柱

按照十九大报告定义的"实体经济、科技创新、现代金融、人力资源协同发展"的现代化产业体系，我们将产业互联网平台的服务也归为相应的四类。

技术服务： 通过产业互联网平台为产业链从业者提供一系列技术赋能，如，帮助产业从业者解决技术难题，提供技术咨询服务；为技术研发者和技术需求方进行供需匹配，促进技术成果转化，推动产业创新技术应用；为产业链交易过程提供技术质量检测等共享服务。通过平台向产业链上的各参与主体进行技术赋能，降低技术使用门槛，实现技术普惠，从而提升产业链的整体技术水平。

供应链服务： 产业供应链共享服务是产业互联网平台的基础，这里的产业供应链服务包括针对实体产业供应链上下游客户，从供应端的集中采购、生产端的产能设备共享、交付端的仓储物流配送、服务端的客户体验到全过程的质量追溯管理等，实现高质、高效、低成本的供应链交付服务。

金融服务： 供应链金融是产业互联网平台的标配，因为产业互联网服务体系的核心是四流合一，也就是商流、物流、信息流和资金流保持一致。四流中,最关键也是具备时间价值增值的是资金,因此,供应链金融服务成为产业互联网的核心要素之一。供应链金融在产业供应链中将发挥资金的协调作用,通过和商流、物流、信息流之间的有效整合,提高产业供应链的整体协同性和响应性。

人才服务:产业互联网转型最大的瓶颈是认知的转变和人才的缺失,因此,产业互联网平台想要获得成功,一定离不开构建和提升对产业人才赋能的能力,具体包括对产业互联网领军人才的培养和认知提升、对新型产业经营管理人才的培养、对专业技能和应用型人才的培养,以及逐步形成产业级的人才评价认证体系,从而建立符合现代产业体系要求的人才供应链。

在后面的4个小节,我们将对上面四个领域的服务如何构建进一步展开叙述。

案例: 欧冶云商——构筑最具活力的大宗商品共享服务生态圈

欧冶云商(下文简称欧冶)成立于2015年2月,是中国宝武发起、以全新商业模式建立的第三方生态型服务平台。欧冶以"共建、共享、值得信赖"为价值观,以"促进钢铁行业从制造向服务转型、重塑钢铁流通领域新秩序、提升中国大宗商品国际定价权和话语权"为使命,以"大宗商品交易的服务者、基础设施的提供者、信用体系的构建者"为战略定位,致力于构筑最具活力的大宗商品共享服务生态圈。目前,欧冶云商已成为国内产业互联网平台中的领军企业。

我们来看一下欧冶云商平台中的产业链集成服务(见图3-3)。

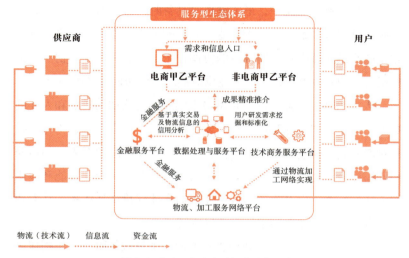

图 3-3 欧冶云商生态型钢铁服务平台

交易服务：欧冶以平台化运营的方式，创新钢铁新零售模式，为上游资源方（钢厂、贸易商）提供碳钢板卷、不锈钢、螺线等钢材全品类和全流程在线零售服务，配套仓单交易和订单交易、结算交易和撮合交易、挂牌交易和竞拍交易等多种组合销售模式，并积极拓展东南亚和南亚等区域海外新零售服务平台，满足中小买家（贸易商、终端用户）基于时间、空间、批量、品类等个性化采购需求。同时，欧冶为买卖双方提供货物信息认证、用户信用评级、店铺运营、智能搜索、智能定价、第三方支付、自助提货多种增值服务，有效提升了用户黏性。

物流和加工服务：欧冶提供从仓储管理、运输管理到加工管理的全流程交付解决方案，从而确保了仓储、运输和加工过程的数据化、可视化和智能化。"欧冶运帮"提供从钢材出厂到最后一公里交付的全程物流平台化服务,促进物流供应链降本增效;"欧冶云仓"与合作伙伴共建智慧仓库,打造可靠、高效的智能监管能力;"欧冶加工"整合合作加工厂,实现委托加工用户和加工厂的高效对接。目前,国内已经有近2000家仓库加盟成为"欧冶云仓"的合作伙伴,并安装了欧冶的"宝盈通"仓储管理系统,另外超过2.5万辆车辆和1600条船舶成为"欧冶运帮"的合作伙伴,部分承运商安装了欧冶的运输管理系统,近700家加工厂成为"欧冶加工"的合作伙伴,并打造智慧加工厂,从而形成了覆盖全国的物流基础网络。

技术服务:依托中国宝武在钢铁供应链领域数十年的深耕和强大的钢材技术知识积累,欧冶建立了钢铁材料牌号、公差、缺陷等完整的数据库,并通过"欧冶知钢"PC端和移动端知识工具,为用户提供钢材选购和使用场景的专业技术服务;同时,欧冶通过将技术专家与用户高效连接,提供专家在线咨询、知钢识材解析、在线技术培训等知识解决方案,满足用户个性化技术需求。此外,欧冶还提供质量异议高效处理、用户定制化知识服务等增值服务,构建了差异化技术服务竞争力。

供应链金融服务:欧冶依托自身线下物流网络和线上平台优势,通过数据征信和智能监管相结合,构建多维度、数字化、可视化信用服务体系,帮助中小企业直接对接银行等金融机构,有效解决银行风控难、中小企业融资难和融资贵的问题。目前,欧冶直融服务已经对接多家银行,通过高效、智能的风险管理服务,为银行对接中小实体企业提供了安全、可靠的信用环境,并通过系统对接和全流程在线化方式,有效解决了中小企业融资慢问题。

欧冶云商总裁金文海先生表示："大数据时代，我们作为钢铁产业互联网企业最根本的是要掌握大数据，用数据去指导上游钢厂生产和发货，帮助下游用户高效、专业采购，从而促进下游企业和钢铁制造商之间的整合、融合。未来，钢铁产业互联网平台要与钢铁制造业互联互通，与钢企内部信息系统相集成，向钢铁产销链条深入渗透，通过信息互联互通和数据共享，有效消除供应链节点之间的契约不完善、信息不完全、信息不对称和交易不确定等问题，从而实现产业链的高效协同。"

3.4 平台服务之供应链服务

产业互联网是对实体产业供应链的数字化改造和升级，从而实现整个产业供应链的提质、降本、增效。在设计产业互联网平台的供应链服务内容时，需要去分析产业链上下游各环节客户的现状需求和痛点，找到服务切入点，并进一步明确实现这些服务保障所需要的资源配置、实施流程和技术实现手段。

3.4.1 供应端的集中采购

对于存在采购分散、采购成本高等问题的产业链客户，可以提供集中采购或者一站式采购的服务，一方面通过规模效应降低采购成本，另一方面提升采购专业化和效率保障。这里的核心是产品数据库的积累和通过数字化手段对供需双方的需求精准匹配。

3.4.2 生产端的产能设备共享

对于产业下游客户多品种、小批量、短交期的订单需求，可以考虑共享工厂模式，其前提是通过工业互联网手段对工厂设备和产能状况实时了解。

3.4.3 交付端的仓储物流配送

交付端的仓储物流配送包括产业供应链从订单到交付完成所涉及的所有仓储、物流配送等供应链服务。在仓储方面需要考虑选址策略（在哪里设仓既能成本低又能实现快速的供应保障？）、库存策略（每个仓中如何设置合理的库存？）、仓库监管（如何通过物联网等技术手段实现云端监管，保证货物安全？）、建设策略（是自建还是合作？实现有效管控与资源投入的平衡）等。在物流方面需要考虑，是否采用多式物流联运等运输方式，是自建物流服务能力还是通过第四方物流管理，以及运输批量与合并运输设计、物流全过程的实时监控等。

3.4.4 客户服务体验管理

对涉及售后服务的商品需要考虑，如何让客户获得良好的服务体验，以及在售后服务的过程中，平台和商品供应商之间的责任分工与紧密协同等。

3.4.5 全过程的质量追溯管理

对于强调商品质量管控的产业链，如，对于食品安全的全程追溯、对于原厂正品的质量保障要求等，就需要通过建立全过程的防伪追溯系统，以及区块链等技术手段，实现商品流通环节透明、可溯源，杜绝假冒产品。

案例：震坤行——一站式工业用品服务平台

震坤行工业超市是一家服务制造业的一站式工业用品服务平

台,经营百万余种工厂使用的辅料和易耗品(MRO),拥有8000多家供应商,与超过15000家先进制造业客户保持长期合作。目前已经成为MRO领域的领军企业。

MRO工业用品采购领域长期存在着品类繁杂、采购分散、价格不透明、假货多、货物搬运次数多、仓储费用高、中间环节多、服务要求高、采购的管理成本高等显著痛点,震坤行通过产业供应链上下游线上线下的全流程打通和IT系统集成,打造了数字化、智能化的供应链体系,有效解决了行业痛点。

1. 一站式阳光透明的在线采购平台

震坤行在线商城拥有商品SKU(库存量单位)数量在200多万个,囊括28条产线,基本可以满足客户的日常需求。针对多品种、大批量的询价,震坤行专门推出了线上智能寻报价功能。客户只要进入震坤行官网,通过Excel批量导入数据,便能实时获取产品价格信息,大大提高了采购效率;同时为了解决企业的长尾需求,震坤行吸引实力派商家入驻平台,在共同丰富MRO产品库的同时,提升区域供应商的服务能力,打造覆盖全国的服务网络。

2019年,震坤行进一步上线企业数字化采购平台"企数采",供客户免费使用,各大供应商均可无门槛入驻。"企数采"平台实现了MRO采购、采买链条的统一,使得采购人员可以在同一个数字平台上完成招标、寻源、内部审批等一系列操作,显著提升采购效率,进而帮助客户实现定制的、无缝的、阳光透明的在线采购。

2. 离客户足够近的仓储物流

工业用品的客户对产品送货的准时、准确有极高要求。为了提供及时的供应保障,截至2019年9月,震坤行在全国铺设线下区域联合总仓 9 个，区域服务中心共计 50 个，并计划到 2020 年在全国建成 12 个联合总仓及 300 个区域服务中心。在终端客户现场，震坤行创新性地提出了智能仓库这一新型仓储模式。通过智能仓储设备，帮助客户实现联合库存管理（JMI），从而在配送、仓储等各个环节打造智能化的供应链，实现了 MRO 物料零库存、无人化管理。具体而言，就是把仓库前置到工厂的生产现场，对于易耗品完全实现 24 小时无人看管，领用情况通过物联网系统进行实时监测。"领用即下单，月度再结账"的联合库存管理模式，缩减了所有流程，显著降低了工厂的库存压力和库存成本。

3.5 平台服务之技术服务

技术创新是产业升级的重要推动力量，然而，我们经常看到一边是高大上的新技术难以实现成果转化，另一边是传统产业依然在落后的生产水平上挣扎。如何跨越技术研发到应用成果转化的鸿沟？产业互联网平台通过对产业链上下游的技术共享服务，一方面可以降低产业用户的技术使用成本，实现技术普惠；另一方面可以加速产业新技术和新标准的推广应用，提升产业链的整体技术水平和产业规范度。

3.5.1 通过技术服务平台为实体产业链进行技术赋能

产业互联网平台企业通过识别产业链上的技术升级需求以及共性的技术难题，与技术交易所等第三方技术服务平台合作，选择匹配合适的技术研发方（各类科研院所、高校等）进行新技术的研发，或者已有技术成果的转化应用，进而通过平台向产业链上的各参与企业进行技术授权，降低技术使用门槛，推动产业创新技术应用，实现技术普惠（见图 3-4）。

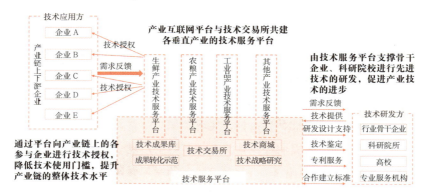

图 3-4 打造垂直产业技术服务平台，为产业链进行技术赋能

3.5.2 通过技术服务平台规范产业标准，促进供需匹配，降低交易风险

对于农产品等大宗非标准商品，通过技术服务平台形成产品质量标准和定价标准，并通过技术质量检测鉴定，进行商品价值的评估，从而降低非标商品的交易风险（见图3-5）。

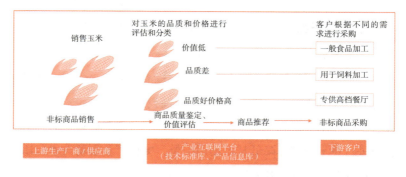

图 3-5 农产品交易的业务场景示例

对于工业品等 SKU 数量庞大的产品，通过平台积累，形成产业技术标准和产品信息库，可以对客户个性化的模糊的需求进行参数化定义，实现供需精准匹配和反向定制，满足客户的采购需求（见图 3-6）。

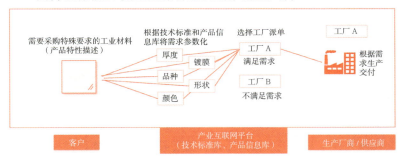

图 3-6 工业品交易的业务场景示例

案例：百果园——只做好吃的水果

百果园 2001 年成立于深圳，是一家集水果采购、种植支持、采后保鲜、物流仓储、标准分级、营销拓展、品牌运营、门店零售、信息科技、金融资本、科研教育于一体的大型连锁企业。截至 2019 年 9 月，在全球有 200 多个特约水果合作基地，在全国有 4000 多家连锁门店、5600 多万会员，年销售额突破百亿元。

如何通过卖水果实现年销售额超过 100 亿元？消费者的认可来自百果园提出的"不好吃，三无退货"政策，只要顾客觉得水果不好吃，无需小票、无需实物、无需理由，即刻退货，从而大大提升了客户的满意度。而在这个政策的背后支撑是百果园的果品标准体系和从产业端到消费端的全链路鲜度管理。

2015年,百果园首创果品标准体系——"四度一味一安全",即将水果按照"糖酸度、鲜度、脆度、细嫩度、香味、安全性"分成招牌、A级、B级、C级4个等级,严格把控水果的供应标准,让顾客看得见品质分级,让"好吃"成为水果的检验标准。

要保证水果好吃,首先是上游种植端的标准化管理。百果园通过基地端的种植标准化,建立"四位一体"(土壤、气候、生理、农事)的评估与生产模型,将农事活动标准化,减少种植的随意性,并通过智能硬件设备和数据平台实时监控,及时发现问题。其次是采摘过程的成熟度管理,适时采收,确保水果最佳口感风味。最后是从产地配送到门店销售的全程冷链控制和全面鲜度经营。

水果是生鲜里最难做的品类,但百果园却能一直控制损耗,这背后是供应链的全链路鲜度管理,建立从种植、采购、仓储物流、终端零售的全方位品控体系。具体来讲,百果园先将水果进行分类,按照耐储、易损程度分为6等,不同易损等级的水果与货架管理、库存管理、运输管理、终端销售技巧等都相互匹配,促使综合耗损率降到最低。以草莓为例,为了控制货车温度,实现快速制冷,保证草莓水汽不外散,百果园要求草莓快速降温后,温度必须提升到4℃再装运,对接仓库的温度也要求在4℃。在这种标准化模式下,草莓的耗损率降到了4%。根据中国果协连锁超市与电商分会的数据显示,水果零售行业一般平均耗损在10%左右,部分水果电商高达15%。但是,经过百果园的标准化物流操作,运输的水果耗损率可以控制在5%之内。

通过上面的分析可以看出，百果园不断进行产业端的技术研发和标准化，这个技术不仅包括物联网、大数据等互联网的新技术应用，同时包括水果保鲜等相关产业技术创新，并通过平台将这些技术和标准推行到产业链上下游的从业者，实现技术普惠，使水果这个传统的产业链实现整体的专业化提升。

3.6 平台服务之金融服务

在大部分传统产业中，能有效解决产业链上下游企业融资难和融资贵的问题，是产业互联网平台获得快速发展的关键。基于产业互联网的供应链金融服务不同于传统的银行借贷，它依托于产业链上下游的真实交易，同时只有保证核心交易在线上进行，才能实现流程闭环和风控管理。因此，做好供应链金融服务是吸引产业上下游企业上平台开展在线交易的重要驱动力之一。

3.6.1 产业互联网平台企业实施供应链金融的难点

产业互联网平台企业在供应链金融服务落地过程中经常会出现以下问题。

其一，产业链上下游企业对供应链金融需求迫切，但是，结合具体产业场景的供应链金融服务的实现，需要相关金融专业背景和配套 IT 技术的支撑。平台企业一般只具备产业背景或互联网技术背景，难以支持供应链金融产品的研发和运营，这时最好借助外部有实践经验的专业机构来共同进行供应链金融模式和风控方案的设计。

其二，产业互联网平台的供应链金融服务需要大量稳定、低成本的结算资金，但目前大部分平台可利用的自有资金，与供应链流通所需资金比起来额度太小；同时缺乏和资金端对接的通道，或者获得供应链金融结算资金的成本太高。针对此问题，在一些区域的产业互联网集聚区，正在开展供应链金融结算基金的创新，具体在5.6"产业互联网集聚区的打造"中我们会进一步展开叙述。

3.6.2 基于产业互联网的常见供应链金融模式

供应链金融模式设计需要重点把控三个关键要素。一是交易的自偿性。供应链金融与其他传统融资服务不太一样的是，银行借钱给企业，不看企业的抵押，而是看企业的交易。企业的交易回款要能覆盖成本，还能够向银行偿付利息、本金。因此，必须控制供应链上企业的自偿性交易。二是控制交易闭环。仅看交易的自偿性还不够，如果企业把贷款的钱拿去炒股，最后银行的钱还是收不回来。因此，需要控制交易闭环，防止企业把钱拿去做别的事情。三是降低协调成本。在供应链金融服务中，一系列的业务协调和风险控制流程产生了协调成本，因此，降低协调成本是影响供应链金融效益的重要因素。

几种常见供应链金融模式如下。

第一种，在生产资料流通环节——质押模式（仓单质押、动态质押、控货权等）。很多产业链主体距离远、分散、总量大、单价低、总交易额高，针对这样的现象，平台上的真实交易数据可以得到资金方授信，根据货物静态和动态质押贷款给平台上的中小微企业。

第二种，在生产制造流通环节——保理模式（基于信用，应收账款反向保理融资）。这个环节是生产资料的加工与转化环节，核心企业的应付账款信用度高，根据核心企业采购额度决定授信额度。

第三种，在成品分销流通环节——质押+保理模式。从厂商到零售终端体系复杂，参与者众多，存在行业规则。可通过基于配送仓储的质押融资与基于核心工业、商业企业的应收账款融资组合实现供应链金融风控。

第四种，平台间组合模式。从原料到成品全产业链，通过质押对接保理全产业链打通，实现业务闭合化、交易信息化、收入自偿化、声誉资产化。

3.6.3 区块链技术在供应链金融场景中的应用

要成功实践供应链金融，必须有强有力的风险管控能力。基于供应链金融存在的潜在风险，区块链技术以信息的不可篡改，以及信用的可分割、易流转的特点，一定程度上解决了供应链金融在产业互联网平台落地的痛点。

一个是解决多主体合作的信任问题：供应链金融涉及产业链上下游企业，需要商业银行、保理公司等资金端的支持，以及物流、仓储等企业的参与。多主体参与的环境中，协同合作的基础是信任与利益分配。区块链作为一种分布式账本，链上信息可追踪却不可篡改，多个机构之间数据实时同步、实时对账，为各参与方提供了平等协作的平台，降低了机构间信用协作风险和成本。

另一个是多层级信用传递问题：传统贸易融资中的商票、银票流转困难，且不可拆分。基于区块链的电子商票（见图 3-7）具有可拆分、可支付等特征，实现数字化债券的拆分、流转，将核心企业信用向上游多级中小企业传递，从而实现产业链的可穿透。

资金流向与产业当中的交易信息越匹配，资金就越安全，所以，把区块链技术和供应链金融结合起来，就使得产业互联网的服务可以走向更加深入、更加多级的产业场景。

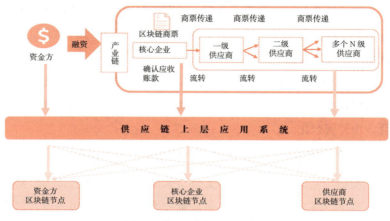

图 3-7 基于区块链的电子商票

案例：粮达网的供应链金融实践

粮达网是由中粮集团和招商局集团携手打造的大宗农粮一站式综合服务平台，自 2015 年 11 月正式上线运营以来，截至 2020 年 5 月，已累计实现在线交易 1400 多亿元，提供供应链金融服务累计 500 多亿元。

粮达网从农粮贸易商资金周转困难的痛点入手，以实物静/动态质押模式为产业链上下游贸易商提供供应链金融服务为切入点，从而吸引更多的买家和卖家到平台上来实现在线交易；交易增长进一步带动物流的服务需求，通过平台的物流订单合并提供第四方物流服务，从而进一步降低产业链上下游客户的物流成本。金融的需求带动交易的提升，再带动物流的服务，从而逐步形成了农粮产业一站式综合服务，以及产业的大数据平台。

此外，粮达网平台又与下游由蒙牛集团打造的爱养牛平台连接打通，依托蒙牛核心企业信用提供反向保理服务，将上游粮达网平台上的玉米采购，与爱养牛平台的"饲料加工—奶牛养殖—牛奶消费"的产业链流程和数据打通，形成产业链闭环，实现了供应链金融的全产业链的贯通与穿透。

3.7 平台服务之产业人才服务

现代化产业体系的建设，产业人才的培养和提升是关键。一方面，产业的创新发展和各类新技术新模式不断涌现，要求产业中的人加强终身学习；另一方面，产业实践的快速发展，对传统的高等教育也提出新的要求，要求打破象牙塔，面向产业需求进行订单式的人才培养。因此，需要打造产教融合模式的产业人才培养平台。

2017年12月，国务院办公厅印发了《关于深化产教融合的若干意见》（国办发〔2017〕95号），提出促进人才培养供给侧和产业需求侧结构要素全方位融合，面向产业和区域发展需求，完善教育资源布局，加快人才培养结构调整，创新教育组织形态，促进教育和产业联动发展。为加快建设实体经济、科技创新、现代金融、人力资源协同发展的产业体系，增强产业核心竞争力，汇聚发展新动能，提供有力支撑。2019年2月，中共中央办公厅、国务院办公厅印发《加快推进教育现代化实施方案（2018—2022年）》，提出构建产业人才培养培训新体系，完善学历教育与培训并重的现代职业教育体系，推动教育教学改革与产业转型升级衔接配套。2019年3月，国家发展改革委和教育部进一步印发《建设产教融合型企业实施办法》（发改社会〔2019〕590号），指导各地开展产教融合型企业建设培育，鼓励支持企业多种方式参与举办教育，深度参与"引企入教"改革，发挥企业办学重要主体作用，建立以企业为主体的协同创新和成果转化机制。这些国家政策的出台，为产业大学的建设提供了政策指引。

3.7.1 产业大学：打造产业级的人才赋能平台

产业大学以整个产业转型升级、打造现代化产业体系为核心目标，打造产业级的人才培养赋能平台，专注产业供应链各环节人才的专业能力提升和综合能力培养；以产业大学治理委员会为依托，整合产业链生态资源，为产业人才发展提供方向指导和专业赋能；以产业人才评价认证体系为框架，建立以产业需求为导向的人才培养标准和人才能力评价认证；以产业大学的运营体系有效支持产业大学的运作和长期可持续发展；以实时的数字化平台支撑，实现产业知识和能力的沉淀，以及实时化的学习成长和评估认证（见图3-8）。

1. 产业大学的特点

产业大学和传统的企业大学相比，主要有以下不同。

（1）从服务范围来看，企业大学主要服务于企业内部，而产业大学强调全面整合产业生态资源，为整个产业链进行人才赋能。

（2）从战略定位来看，企业大学主要关注课程和培训项目，而产业大学强调产业级的人才培养和认证，形成产业人才供应链，提升人才配置效率。

（3）从运作模式来看，企业大学更多的是企业内部的成本中心，而产业大学作为产业互联网平台的赋能服务之一，通过知识付费模式，可以获得一定的收益。

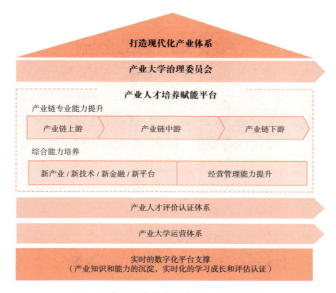

图 3-8 产业大学架构（来源：西利企源）

2. 产业大学的价值

产业互联网平台型企业通过联合政府、协会、高校和专业机构等力量建设产业大学，可带来以下价值和收益。

（1）客户价值。人才培养是比交易、结算等硬交互更容易切入、更容易产生情感纽带与信任基础的软交互。通过人才培养服务，产业互联网平台企业将与产业链上下游客户建立高频交互，帮助其转变认知、建立信任、形成黏性，为产业互联网平台企业带来新客引流，并增加老客户黏性，提升其平台口碑，打造平台的产业影响力。

（2）经济效益。人才培养服务也可以成为产业互联网平台企业新的增值服务，通过帮助产业链上下游进行知识服务，获得直接的经济收益。

（3）社会效益。产业大学的建设对区域政府、产业、产业上的企业、产业上的人都将产生价值和效益。它可以帮助区域政府实现产业人才集聚，提升就业；帮助产业新旧动能转化，实现高质量可持续发展；帮助产业链上的企业经营管理能力提升，实现业绩增长；帮助产业从业者能力提升，获得职业发展；同时基于数字化平台将形成稳定可持续积累的产业知识体系，加强产业互联网平台的赋能能力和核心竞争力。

3. 产业大学的实施路径

产业大学的建设发展可按照成熟度分为三个等级：初级——产业级人才培养、中级——产业级人才标准与认证、高级——产业级人才供应链。

4. 产业级人才培养

面向产业链上下游人才培养需求，产业大学在初级阶段可以先通过需求调研，从产业上的紧缺人才或者需求比较迫切的培训内容切入。具体包括：

首先，沿着产业供应链对从业者进行供应链管理和各环节专业技能的培养。比如，针对农业产业链种植端的农户进行科学种植方法的培训，针对技术工人进行新型工艺培训，注重从供应链管理视角的品质保证、供应保障及风险管控能力培养等。这一类培训课程可以侧重线上培训模式，需要进行线上培训课程的开发创新，通过场景化、案例化、视频化、甚至游戏化等手段，满足用户实时化、碎片化的学习要求，并提升培训的实战性和趣味性。

其次，关于新产业/新技术/新金融/新平台的产业创新能力培养，要帮助产业从业者掌握产业发展的新趋势，结合产业场景的新技术应用、供应链金融的应用，以及产业互联网平台的流程和一系列共享功能的使用，帮助产业从业者提升认知，加强和产业互联网平台的连接与协同。

最后，关于经营管理能力的提升培养，以解决企业经营管理问题为导向，以实战化的行动式学习为方法，帮助产业链上下游企业有效提升市场经营能力，获得业绩增长；提升内部管理能力，实现企业内部的精益化运营。只有通过培训帮助产业链上下游企业获得切实的收益，产业大学才有持续的生命力。

同时，产业大学也可以面向平台企业内部。在产业互联网转型过程中，如何明晰转型的政策趋势和模式路径，如何同向同力、快速迭代地推进产业互联网的建设，实现从 0-1-N 的持续增长，都需要加强对产业互联网领军人才和平台建设运营相关的管理团队的培训。通过团队学习，着眼于从企业家到"产业家"的领导力培养，以及为产业互联网转型提升认知，建立共识，掌握落地方法。

我们针对产业互联网转型企业推出了《产业互联网创新领袖计划》，梳理了产业互联网平台企业管理者需要掌握的知识结构，见表3-1。

表 3-1 产业互联网平台企业管理者需要掌握的知识结构

知识体系	核心内容
洞察产业互联网的发展趋势	了解产业互联网的发展现状及趋势 掌握产业互联网的相关国家政策 理解产业互联网的相关理论基础 从企业家到产业家的心智模式重构和创新能力打造 如何基于产业链分析抓住产业互联网转型机遇？

续表

设计产业互联网商业模式和盈利模式	产业链的痛点及机会识别 产业互联网平台商业模式设计 产业互联网平台盈利模式设计 产业链利益机制和治理机制设计 如何构建一个多方共赢的产业互联网平台？
实现产业互联网和供应链金融结合	了解产业供应链的创新实践 掌握基于区块链的供应链金融创新 结合产业互联网的供应链金融，实现方案设计 供应链金融风控体系设计 实现产业互联网平台和银行资金端的对接
建设产业互联网的支撑平台	产业互联网中的数据思维与技术能力打造 产业互联网平台架构规划（前/中/后台） 产业互联网的平台建设策略与投资估算 产业互联网的相关关键技术实现 典型的产业互联网IT解决方案
建设产业互联网的闭环运营与增长机制	产业互联网的切入点和实施路径 产业互联网平台的运营体系建设 平台的营销推广与客户关系运营 产业人才发展与激励机制设计 如何形成平台持续增长机制？
提升产业互联网平台的市值	产业互联网企业股权与治理结构设计 产业互联网平台企业估值模型及定价逻辑 融资途径、时点选择、融资实务及注意事项 资本市场规划

3.7.2 产业级人才标准与认证

在产业人才培养的过程中,需要不断推进产业级人才评价标准和认证体系,实现产业人才培养的系统化。从产业转型和持续发展的目标需求出发,对产业人才进行科学分类,明确各类人才的能力标准和学习成长地图,建立能力评价和认证体系。同时建立产业大学的学分银行,实时反馈产业人才培养的进度和效果,推进产业人才的持续学习和终身学习。以产业需求为导向,以学习者为核心,以持续学习能力培养为抓手,形成测评—推送—认证的闭环,为产业中的人才提供一条清晰的学习成长路径(见图3-9)。

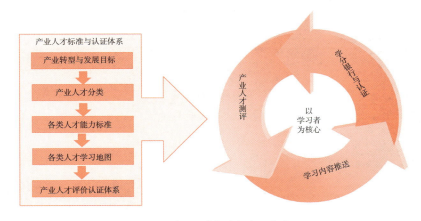

图3-9 产业人才标准与认证体系

3.7.3 产业级人才供应链

产业大学发展的高阶阶段,要通过建立产业人才大数据平台,打造产业级人才供应链(见图3-10)。通过产业链人才盘点和紧缺人才目录梳理，促进产业人才的供给侧结构性改革。一方面指导产业大学的培育体系优化，加强对于紧缺人才教育培训的有效引导，加强和高校以及其他培训机构的合作，进行订单式人才培养；另一方面，结合人才的培训学习情况，与企业端的需求相匹配，对人才进行精准推荐，提升产业人才的配置效率。

图 3-10 产业人才供应链

第 4 章

产业互联网的转型实施

产业互联网的转型实施，需要具备哪些前提和基础，需要从哪些地方进行切入，具体的发展路径是什么，如何有效进行转型推动，有哪些成功经验借鉴？本章将从这些问题入手，帮助您一步步了解产业互联网的转型发展。

4.1 构建产业互联网的前提和基础

产业互联网是否适合所有产业，具备哪些特征的产业适合构建产业互联网？如何在产业互联网时代找到自己的机会，需要掌握哪些关键资源，有哪些核心能力要求？在开展产业互联网转型之前，让我们先按照下面的标准进行评估诊断。

4.1.1 构建产业互联网的前提条件

构建产业互联网需要符合以下三个前提条件。

1. 产业规模和发展空间巨大

评估一个产业是否适合打造产业互联网平台，一方面，要对产业链进行清晰的定义，并详细分析其市场容量和布局。比如农粮产业，肯定是一个数万亿的市场，但是，这个领域太大，够不着边界。是从玉米这个品类切入，还是做大豆或者其他品类？每一个细分品类的产业链特征和区域布局也是完全不同的。另一方面，如果一个细分产业只有几个亿的规模，没有规模效应，那么，也很容易达到天花板，就要考虑未来这个产业有没有其他的可延展性。

2. 产业参与者众多，市场份额分散

产业越分散，通过互联网进行连接和整合的空间越大。比如婴童产业容量有20000亿，但做婴童产品的企业过10亿规模的很少，绝大多数都是中小微企业，所以，产业互联网整合的空间就很大。同时也要看这个产业有没有法律特许经营限制，因为法律特许经营限制的产业是不适合建立开放的产业互联网平台的。

产业链效率和成本有较大改善空间。随着内外部环境和市场的发展，实体产业链上突出的痛点需求已难以通过传统的方法得到满足，必须通过互联网新的模式进行突破创新。越是痛点明显的产业，推进产业互联网变革的紧迫度越高。

4.1.2 打造产业互联网的关键资源需求

打造产业互联网，需要不断发展和连接以下的关键资源。

1. 客户资源

对于产业中的龙头企业，或者已经在产业中经营多年的服务商，已经拥有相对成熟的客户群体资源，具有良好的客户口碑，形成了一定的客户间的信任关系，则对于产业互联网平台的启动发展是非常有利的。

2. 人才资源

产业互联网的推进，需要既懂产业又懂金融，既具备产业链视角的问题洞察分析又兼具对互联网新技术的理解应用，这样的复合型人才在每个产业中都是稀缺的。尤其随着各领域产业互联网的发展，会出现大量的人才缺口，因此，结合产业需求，进行产业互联网与供应链金融的领军人才培养，以及为产业链上下游进行人才培养和赋能至关重要。

3. 金融资源

为产业链上下游提供供应链金融的服务需要稳定的低成本的资金资源。在平台运作早期，缺乏模式风控验证以及数据积累，因此，从银行等金融机构获得低成本资金是比较难的，很多平台企业在供应链金融运作之初，需要通过注册资本金或者以国有/上市公司股东背景背书来获得早期的供应链金融资金。随着供应链金融业务模式的逐步成熟和规模化，则需要进一步与外部金融机构合作以获得资金支持。

4. 技术资源

产业互联网平台除了金融普惠，同样承载着技术普惠的产业升级目标。这些技术不仅包括各类物联网、云计算、大数据、人工智能、区块链等互联网新技术应用，同样包括产业中的技术创新，比如冷链运输中的食品保鲜技术、各产业中的技术质量检测技术。通过技术创新应用改造传统产业链，大幅度提升传统产业的效率。

4.1.3 打造产业互联网的核心能力要求

产业互联网的发展需要不断夯实和积累产业洞察、资源整合、平台赋能、技术实现和运营管理方面的核心能力。

1. 产业洞察能力

互联网企业转型做产业互联网往往很难成功,关键就是缺乏对产业的深层理解。开展产业互联网的"产业家"大多来自实体产业,其对产业链上下游的痛点、价值诉求、利益诉求、运作规则更清晰,从而可以有效选择切入点。

2. 资源整合能力

资源整合能力是产业互联网平台能够获得快速发展的关键。产业中的龙头企业、上市公司,或者是所在行业协会的领头企业,发展产业互联网容易成功,因为其在产业中的地位使他们有更好的资源和整合能力。

3. 平台赋能能力

产业互联网平台要对所有参与主体提供赋能,其核心就是让参与主体在这个平台上获得比自己单打独斗更快的能力提升。而赋能的基础是产业大数据的沉淀、产业相关知识库的积累、产业链流程的优化再造、产业人才培养能力等。

4. 技术实现能力

产业互联网的领导者多数来自实体产业,很多平台的技术实现依靠来自互联网技术行业的人员,然而在进行产业互联网平台IT系统建设时,发现两者较难融合。完美的规划方案有赖于技术的真正落地,怎么把产业中精细化的流程和标准规则、供应链金融场景设计等用IT系统落地实现,并获得用户良好的体验,是产业互联网平台型企业须打造的核心能力之一。

5. 运营管理能力

卓越运营是平台保持长久竞争力的核心。不管互联网再怎么炫,回归到生意的本质还是要实现更低的成本、更高的效率，以及落实到产业链上的产品品质保证、供应交付保障、客户服务体验等。平台是否盈利和能否建立壁垒，最终还是要靠精细化的流程设计和运营管理能力。

如何快速形成以上能力？企业在评估自身现状和能力基础上，可通过更多的连接整合外部资源开展互补合作，以战略合作或者战略投资购买能力来补齐短板，从而获得产业互联网快速发展的先发优势。

4.2 产业互联网转型机会分析

要进行产业互联网的转型机会分析，首先要对产业链有完整清晰的认知，具体如下。

产业价值链环节分析：产业链由哪些环节构成，其价值创造和价值传递过程是怎样的？

产业链主体和结构分析：在产业链每个环节有哪些类型的参与主体，这些参与主体是大企业还是小企业，是分散还是集中的？

行为和特点分析：在产业链上下游各环节的商流、物流、信息流、资金流是怎样的，其业务流程和运作有哪些规则和特征？

现状痛点分析：在产业链的每个环节存在哪些痛点问题？这些痛点问题的解决往往是产业互联网转型切入的机会。

案例：线缆产业链分析示例

见图 4-1，从其产业链构成来看，上游的原材料端主要包括铜杆、铝锭、PE 和 PVC 等大宗商品，其中 PE 和 PVC 主要用于生产线

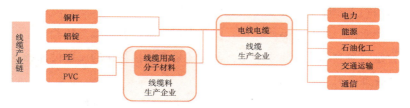

图 4-1 线缆产业链分析

缆用高分子材料；线缆用高分子材料和铜、铝在一起生产形成电线电缆，卖给下游的电力、能源、石油化工、交通运输和通信行业客户。所以，我们看到这个产业链是一个典型的两头大而中间小的结构，也就是上游原材料端以大宗商品为主，下游以大型企业客户为主，都有比较强的议价能力，而处在产业链中间环节的线缆料生产企业和线缆生产企业均处于"小、散、弱"的状况，有比较强的痛点。

1. 线缆料生产企业的痛点

（1）我国线缆用高分子材料低端产品过剩，中高端产品缺乏。

（2）PE、PVC大宗原材料价格波动大，回款周期长。

2. 线缆生产企业的痛点

（1）电缆行业虽大，但集中度低。中小电缆企业在产业链中处于劣势地位，资金压力大。

（2）上游先付款，下游赊销。对下游电力企业通常采取赊销的方式，而上游原材料都是先款后货，电缆企业资金成本高。

（3）铜和铝占原材料采购额90%。价格波动较大。电缆中常用的铜、铝等大宗原材料价格变动快，回款周期长，导致风险大。

根据4.1.1"构建产业互联网的前提条件"的分析，电缆产业是一个万亿容量的市场，线缆料生产企业和线缆生产企业分散，痛点明显，因此，具有产业互联网平台发展的很好机会，通过线缆产业互联网平台的在线化交易闭环实现供应链金融服务是一个比较好的切入点。

4.3 产业互联网的发展路径

围绕产业互联网发展全生命周期，我们在实践基础上总结形成FLAGShiP方法论（见图4-2），从业务和资本两方面帮助产业互联网平台企业实现高质量增长和市值提升，通过综合持续服务"发掘和扶持一批有质量、有市值的产业互联网企业"，成为产业互联网领域的佼佼者。那么，FLAGShiP方法论究竟是怎么帮助产业互联网平台实现从 0-1-N 的可持续增长的？

产业互联网平台从 0 到 1 是一种突破，使得这个平台能够运转

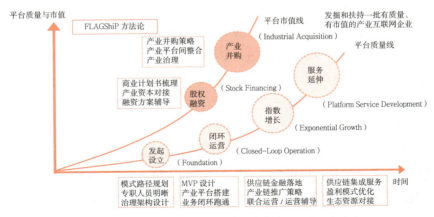

图 4-2 产业互联网全生命周期发展 FLAGShiP 方法论

起来；从1到N是数倍的、可持续的增长。模型中横轴是时间轴，纵轴是平台的质量与市值。质量是平台为产业所创造的价值，市值是平台公司的估值。随着时间的增长，这两条曲线呈现向上走势。

4.3.1 平台如何有质量地增长？

1. 发起设立阶段

在发起设立阶段，首先需要进行产业互联网平台的模式和路径规划。基于产业链现状调研、产业资源/能力现状评估及相关方的需求，对商业模式进行设计。商业模式设计主要包括用户价值、产品定位、核心资源以及盈利模式。具体来说，用户价值指的是你给客户带来什么样的价值，能解决产业链上哪些痛点；产品定位就是指为了解决痛点，为哪些客户提供哪些产品或服务；核心资源指企业具有竞争力和不可替代性的资源有哪些；盈利模式指通过平台如何创造新价值并分配价值，包含收入来源、成本结构、各参与方价值创造评估、价值分配方式等。在商业模式确定之后要选择并论证平台的切入点和实施路径、所需的关键资源以及资源提供方等。

产业互联网是不同于传统业务的创新模式，需要通过项目化或者公司化模式建立专职团队，进行专职人员明晰。搭建稳定的专职人员团队、设立合理的公司化治理架构以及对产业互联网各参与方建立有效的激励机制，是产业互联网平台顺利运转的基础保障。

2. 闭环运营阶段

闭环运营阶段需要通过MVP（Minimum Viable Product，最小可行性产品）设计，找到产业互联网平台的实践切入点，并进行相应的线上平台搭建，实现线上线下融合的业务流程闭环跑通。

MVP的选择（见图4-3）从"可规模化"和"可盈利"两个维

度进行识别和筛选，比如平台提供的某一项共享服务是否可以通过线上化实现快速复制的规模化发展，而且这项服务是能够帮助客户创造价值并获得客户付费的。通过团队的头脑风暴找出所有可能的MVP，然后对其进行可规模化、可盈利性的评估，并分析其所需的资源能力和可行性，列出其实施的优先级。

完成MVP设计后，进行细化流程设计和IT实施落地，最终实

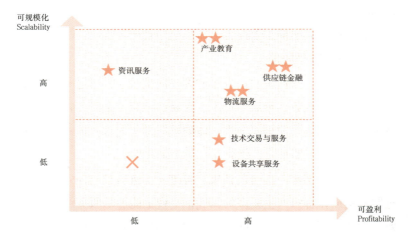

图4-3 产业互联网MVP识别与筛选示例（图片来源：AMT研究院）

现业务线上线下闭环跑通，即让端到端的业务流程在线上和线下能够完整运转一圈。

在闭环运营阶段切忌全面开花，避免模式很完美，数据很难看。为了避免大量投入后开发出客户并不真正需要的产品，需要用最快最简明的方式建立一个可用的产品/服务原型，并与客户进行交互

验证,从而保证抓住用户痛点突破口,实现平台业务从0到1的突破。

3. 指数增长阶段

一方面,供应链金融是实现平台指数增长的关键驱动因素之一。在前期业务闭环的大数据积累基础上进行供应链金融场景设计创新,以经过验证的风控模型获得更多低成本的供应链金融资金,从而使供应链金融服务带动在线交易的快速放量增长。

另一方面,建立有效的平台运营体系(见4.5"产业互联网平台的持续运营"),并通过有效的产业链推广策略吸引更多产业链上下游客户加入平台,实现从1到N的指数增长。

4. 服务延伸阶段

随着产业互联网平台的发展和客户的增长,可以进一步发展更多供应链集成服务,形成集资讯、交易、结算、金融、物流配送、技术服务、产业人才培养等为一体的供应链集成服务模式,实现产业链上下游的资源整合、优势互补与协调共享。

随着产业链服务组合的拓展,可进一步进行盈利模式优化,通过服务集成让客户产生更多的黏性,平台也能够从服务组合的协同效应中获得更多的利润。同时,通过新的生态资源链接,进一步实现新价值的创造和生态圈共赢。

4.3.2 平台如何实现市值提升?

1. 股权融资

产业互联网的建设和发展阶段都需要大量的资源投入,因此通过股权融资,适时引入战略资本的力量,可有效推进产业互联网平台的发展和市值提升。

在股权融资中,企业比较关心的是产业互联网公司该如何估值。

产业互联网研产投联盟研究专家所在广证恒生团队对产业互联网企业估值方法给出如下建议。

（1）早期项目估值。早期项目一般商业模式未确定，凭借产业经验，创始人对于未来发展有大体思路。此阶段估值，首先看标杆。可以对标海内外同行，通过与同行各项创业要素的对比，获得公司估值；如果公司属于行业首创，在商业模式被认可的情况下也可以获得一定的估值溢价。其次看天资。在没有对标企业的情况下，考虑所在产业市场空间是否足够大，以及对于行业现有痛点的解决程度。市场空间越大，行业痛点越突出，估值越高。同时，产业互联网项目具有一定的服务半径，要考虑创业企业所在区域产业密度是否足够，如果有 1000 亿市场空间，则足够创业企业发展。是不是龙头企业转型、是否背靠大树、是否有天使客户等都是估值的重要参考。最后看团队。产业互联网属于商业模式创新，未来能否成功取决于资源整合能力、商业模式迭代速度和运营效率，因此，创始人团队在行业内资源积累、是否连续创业、执行能力等都会成为估值的重要参考。

（2）中期项目估值。产业互联网中期项目的一般商业模式已经确定，同时，平台流水迅速提高，公司营收和团队规模逐渐扩大，但是，仍然处于快速抢占市场的投入期，公司尚未盈利，建议采用 EV/S 估值，PS 估值方法可作为参考。

确定估值水平需要考虑的三个要素：①平台 GMV 成长性。成长性高的平台获得的估值更高。②交易流水质量。针对不同产业平台，大宗商品类相对交易流水容易做大的平台估值水平较低。③平台黏性及客户价值。如果交易平台对于客户生产经营非常重要，处于核心位置，而且可以为客户提供多样化的增值服务，则该类平台估值更高。

（3）成熟期项目估值。产业互联网成熟期项目的一般市场竞争地位初步确立，商业模式确定，营收和利润具备一定体量，该阶段企业具备了走向公开资本市场的基本条件，市场集中度提升成为未来跨越式发展的关键。对于该阶段企业，建议首选 PE 作为估值方法，兼顾项目成长性，考虑 PEG。由于该类企业一般规模较大，一级市场融资逐渐不能满足企业发展需要，建议对标公开市场估值情况，考虑 IPO。

除了应对公司市值进行合理评估之外，如何有效吸引战略投资者，通过商业计划书进行商业模式和投资亮点的梳理，寻找对接相匹配的产业投资者，促进和投资者的有效沟通，都是融资成功的关键要素。

2. 产业并购

产业互联网平台发展到一定阶段，必然出现平台间的并购整合，尤其是能够在产业链上形成衔接和互补关系的产业平台，通过并购将实现产业链的进一步打通，并形成规模协同效应。有效的并购策略、不同产业平台间并购后的整合协同、产业治理机制建设优化都将助力新的产业互联网平台的市值进一步提升，成为行业领导者。

4.4 六位一体推进产业互联网发展

如果说区域经济发展是一个宏观主题，企业发展提升就是一个相对微观主题，那么，产业互联网转型则是处于两者之间的一个中观主题，需要自上而下与自下而上相结合地推动，这里涉及地方政府、行业协会、产业骨干企业、产业中小微企业、金融机构、专业研究/服务机构这六类参与主体,需要六位一体来协同推进(见图4-4)。

地方政府
出台政策,推进产业互联网示范项目建设,打造产业互联网创新基础设施,进行政策、资金等孵化支持

产业骨干企业
牵头打造垂直产业的产业互联网集成服务平台,进行产业价值链优化和资源整合,实现产业生态优化

产业中小微企业
积极借力产业互联网共享服务资源,实现自身的专业化发展

行业协会
通过与产业平台的合作,借助大数据资源及技术手段,建立行业信用体系,规范行业治理,提升行业管理水平

金融机构
以产业互联网平台的产业大数据和信用体系为基础,开展基于真实在线交易的供应链金融服务,实现普惠金融目标

专业研究/服务机构
研究总结产业互联网最佳实践,提供顶层设计、平台建设和运营专业服务,保障产业互联网方向正确、路径正确、持续增长

图 4-4 六位一体推进产业互联网发展

1. 地方政府

围绕区域产业发展规划,出台政策以推进产业互联网示范项目建设,打造产业互联网创新基础设施,为产业互联网平台提供政策指导、资源支持、产业基金引导等。如果区域有产业龙头企业,可重点对龙头企业进行扶持,鼓励其通过平台开放能力,打造产业级共享服务平台;如果是属于小而散的区域产业集群,则需要早期先由政府产业引导基金或国有投资平台投资进行产业互联网的顶层设计规划,并进一步引导筹建由政府、行业协会、行业骨干企业等多方利益主体共同成立产业互联网平台的混合所有制公司,推进市场化运作。

2. 行业协会

行业协会承载着行业繁荣发展和转型提升的重要使命。由协会发起、推进和扶持产业互联网平台的发展，并通过产业互联网平台中的技术应用、交易规则、标准推行等规范产业治理，提升行业管理水平。这里要注意，以联盟、协会众筹模式发起的产业互联网平台，在公司的治理架构上要明晰责权，有清晰的责任主体，避免人人有关、人人无责，或者难以共识，导致平台发展缓慢。

3. 产业骨干企业

产业骨干企业要充分认识到产业互联网是企业实现跨越式发展的重大机遇，需要实现从企业家到产业家格局的提升，从竞争到竞合，将积累的产业资源和能力优势通过平台开放化，带动整个产业的创新发展，同时实现自身的凤凰涅槃和裂变式增长。

4. 产业中小微企业

产业中小微企业要积极拥抱产业互联网，改变传统购销方式，积极借力产业互联网平台的共享服务资源，通过与平台的融合实现自身的专业化发展。

5. 金融机构

金融机构要改变传统金融服务模式，通过与产业互联网平台合作进行金融服务创新。以产业互联网平台的产业大数据和信用体系为基础，开展基于在线真实交易的供应链金融服务，以金融切实赋能实体产业，实现普惠金融目标。

6. 专业研究/服务机构

专业研究/服务机构要积极研究总结产业互联网最佳实践和系统方法，帮助产业互联网平台企业做好顶层设计、IT平台建设和平台运营支持的专业服务。通过先进经验模式的复制，帮助产业互联网平台企业规避风险和误区，保障产业互联网开展的方向正确、路径正确,减少无效投入成本,实现可持续增长。

4.5 产业互联网平台的持续运营

产业互联网的可持续发展离不开平台企业的运营管理能力。运营包括哪些方面的工作,如何通过运营实现不断增长?以下是我们总结的产业互联网整体运营的12大类工作(见图4-5)。

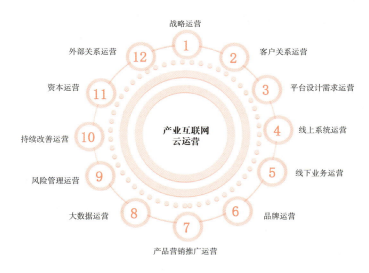

图4-5 产业互联网平台运营体系

产业互联网平台运营主要包含以下内容。

1. 战略运营

战略运营主要指就产业互联网的发展方向、理念价值观在相关的管理团队和利益主体间取得共识,具体包括与产业互联网有关的战略导入与培训工作、与项目配套的组织架构设计与管理体系优化等。

2．客户关系运营

实现增长运营的关键是始终围绕客户工作，包括获得新客户、留住老客户、为客户创造价值。具体的客户关系运营包括客户关系管理与开发、在线客户服务及客户反馈的响应、新客户的增量拓展、潜在客户唤醒及僵尸客户激活、客户体验调查与互动等。

3． 平台设计需求运营

IT开发是技术部门的工作，但是在IT开发的过程中也需要配套的与系统设计有关的需求验证运营，包括平台客户需求的验证、平台功能有效性验证、业务流程正确性验证、平台功能客户体验验证等，这样才能保证系统真正实现完美的线上线下流程融合与极致的客户体验。

4．线上系统运营

线上系统运营包含一系列为客户提供的线上服务和流程处理工作，包括网上交易及支付等业务在线处理、订单/交易的状态处理、平台系统的运营维护等。

5．线下业务运营

线下业务运营包括深入产业客户场景，与客户面对面沟通，对客户进行指导，并获得线下实体业务开展的真实信息资料来反馈平台等。

6．品牌运营

持续地维护平台在产业中的公信力和影响力，包括平台品牌营销推广、人脉圈建立和平台口碑形成等。

7. 产品营销推广运营

平台推出的各类服务产品的营销推广包括产品内容说明、产品市场推广及培训指导等。

8. 大数据运营

大数据运营主要指基于大数据的分析,为风险管控和运营优化提供指南,包括各类销售数据和竞争力分析、客户分布及行为分析、市场分析、同行数据对比分析、销售计划及客户预测分析、数据分析结果动态展示等。在平台的发展过程中,逐渐形成稳定的可积累的数据经营分析架构。

9. 风险管理运营

平台运营中的风险监控,尤其是供应链金融的风险控制至关重要,包括客户信用管理、交易风险控制、资金风险管理等。

10. 持续改善运营

产业互联网平台必须具备快速迭代的能力,从大的商业模式持续创新到具体系统功能界面客户体验的改善,使"识别问题/机会—改进落实"成为一种常态化管理。

11. 资本运营

资本运营主要指持续提升平台的市值,获得资本的助力,包括资本路径规划、投资管理、融资管理等。

12. 外部关系运营

外部关系运营包括政策研究、获得政府补贴和税收优惠等外部政策支持、政府关系维护、行业关系维护、合作伙伴关系维护等。

4.6 基于区块链的产业平台间整合

前面我们讲的都是单个平台的建设运营。随着各领域产业互联网的发展，必将进入产业平台间的连接和整合阶段。这种连接整合既包括处在产业链上下游的平台间的连接打通，也包括不同产业平台间的跨界合作创新。区块链技术的发展，为这种平台间的连接整合提供了技术基础。一些产业互联网的专业服务机构（如 AMT）正打造这种基于区块链的产业互联网 PaaS 平台，帮助不同产业平台进行数据打通和连接整合，形成更大的产业链闭环，从而为产业平台间的整合奠定基础。

4.6.1 平台间企业与商品数据的连接，实现产业供应链金融创新

通过处在产业链上下游的不同平台间的流程和数据打通，实现产业链的进一步闭环和价值链优化，并将带来金融模式的创新。

如在 3.6 "平台服务之金融服务"中，我们讲到了粮达网和爱养牛的案例。粮达网平台上的贸易商会有一部分玉米卖给下游饲料厂，而饲料厂又在爱养牛的平台上向养牛场提供饲料，养牛场卖牛奶给蒙牛。在这个产业链上，有处在上下游的两个平台。对于一家饲料厂来讲，它在进货做饲料的时候，它的一些交易信息、信用信息是在粮达网的平台上；对于饲料厂的销售，把饲料卖给了养牛场，它的很多信息又被记录在了爱养牛的平台上，那么，这两个平台就可以构成一种平台间的联合金融创新。通过平台间的连接进行上下游的流程和数据打通，将一家饲料企业的应收款、应付款、采购和销售看得更加清楚，从而能够实现供应链金融的风险闭环控制。比

如，通过基于区块链的多级可拆分的商票，将蒙牛核心企业的信用向上游的养牛场、饲料厂和玉米贸易商进行传递，既解决了产业链上游中小企业资金周转的难题，又通过透明化避免了产业上下游之间过多的价格博弈，从而让产业链每个环节稳定赚该赚的钱，实现专业化发展。

4.6.2 平台间的客户数据连接，实现联合营销

如果两个平台都是农粮产业互联网，但是经营不同的品类，比如一个是玉米，另一个是大豆，可能它们都会面对同一家贸易商。这个贸易商既会进货玉米又会进货大豆，那么就可以联合营销，一起给这个客户提供更好的商品和服务的推送。

又如，两个平台处于产业上下游，其中一个平台的下游客户是另一个平台的供应商，则通过两个平台间的合作，可以互相提供信用背书，并极大地降低获客成本。

4.6.3 人才数据连接，实现平台间的专业人才流动

现在一个人找工作都是自己写一份简历，如果去做一些信息是否真实的求证，往往比较费力。那么，有没有可能通过产业平台之间的数据连接，多点地对一个人才进行刻画？比如一个人才在多家企业之间流动，他可能在同一产业当中，从 A 公司到了 B 公司，也可能改行到了另外一个产业的 C 公司，那么他的培训数据、他的履职的经历、他的一些重要的亮点，以及一些违规信息，是不是可以结合区块链的技术，结合产业平台之间的合作与融合进行多点的记录？所以，将来完全可能有一种场景，就是我们看到一个人的简历，不是由他本人来提供的，而是由这样的产业平台进行联合人才

数据的提供。

通过上面的案例，我们看到平台间的连接具有极大的想象空间和价值空间，而背后的核心是数据的连接创新。我们可以想象未来数字经济的场景、产业互联的场景都非常依托于数据，而数据又是来自一次次产业当中的真实交易和真实互动，大量数据被沉淀又被应用出去。这也是为什么中共中央、国务院发布《关于构建更加完善的要素市场化配置体制机制的意见》中提出，"将数据作为一种新型生产要素，通过加快数据要素市场培育，充分发挥数据要素对其他要素效率的倍增作用，使大数据成为推动经济高质量发展的新动能"。所以，拥有数据资产，尽快积累产业的数据，把存量的产业尽快在线化、数据化，将是未来产业互联网黄金10年的重要任务。

4.7 产业互联网转型的成功经验总结

通过大量产业互联网的案例研究，我们发现所有产业互联网成功实践的背后都有一些共性的经验总结。

4.7.1 企业家要转型为"产业家"

产业互联网时代，竞争不再是企业与企业之间的竞争，而是产业链之间的竞争。传统的企业经营往往更关注企业本身的发展及竞争对手的状况，而打造产业互联网需要企业家转型升级为"产业家"，站在整个产业链的角度，从整个产业的高度和格局，思考产业链的痛点和优化，以及如何通过为产业从业者提供服务创造新的价值，以"利他"思维推动产业共赢。

从企业家到"产业家"，除了格局和情怀以外，还需要重点打造的能力包括对产业链的深刻理解洞察、对产业数字化创新能力的培养，以及在面对转型的不确定环境下保持战略定力，建立愿景领导力、不断适应环境和解决问题的能力，以及持续学习和持续迭代的能力等，这些都需要对"产业家"进行心智模式的提升和培养。

4.7.2 产业升级不是颠覆，而是新模式下的产业价值网络连接

产业是由骨干企业和众多中小微企业组成的。同行业内各企业以前是竞争关系，但未来趋势是骨干企业向平台型组织转化，中小微企业向产业合伙人转化。骨干企业利用自身能力和资源优势，搭建赋能平台，服务中小微企业，中小微企业通过共享平台服务进一步实现专业化发展，从而通过产业互联网实现大中小企业融合协同发展。

因此，产业升级是骨干企业与众多中小微企业基于"产业互联网模式"建立"平台+合伙人"的创新型连接。产业合伙人带着生意来认购股权，用众筹方式参与产业互联网将成为典型现象。通过为全行业提供先进的生产性服务，骨干企业携手中小微企业渐进、协同地完成产业的升级切换。

4.7.3 单纯的技术创新不能驱动产业升级，机制创新至关重要

产业从业者凭什么要加入平台呢？靠单纯的技术创新不能实现产业互联网平台对产业上下游的连接，因此，需要创新商业模式，形成能满足产业链上下游价值需求的新的利益生态平衡体系。"机制创新"即平台带来的实实在在的新价值是核心，如通过平台获取更多的生意机会、更好的服务和更低的成本等。技术创新在"机制创新"的驱动下才能发挥作用。

产业互联网对产业链上下游的连接不仅仅是IT云应用连接，

更是服务连接。单一的云应用会导致技术太先进不会用，技术缺服务不愿用。平台型企业需要了解产业从业者有哪些工作需要支撑，哪些痛点需要解决，通过规范化、集约化的共享服务中心提供专业增值服务，并建立合理的产业链利益分配机制，通过综合红利驱动产业互联网的发展。

4.7.4 产业大数据将成为产业互联网平台的核心能力

产业大数据，即获取和沉淀产业链不同场景中的数据，并实现数据的标准化和集成化。产业大数据是实现产业链供需精准匹配、运营效率优化以及信用风险管理的关键，是产业互联网平台不断提升发展的重要支撑。因此，在构建产业互联网初期就要充分考虑大数据采集、积累和应用的规划。结合产业场景实现产业大数据的自动集结，并通过基于大数据的人工智能算法应用，实现产业已知领域的效率显著提高，以及未知领域的认知和创新大幅拓展，为产业链上的各方主体提供更好的赋能和共享服务（见图4-6），提升平

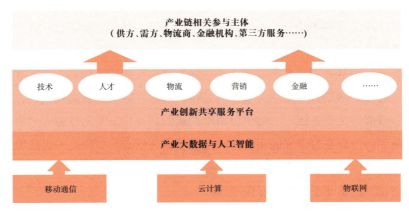

图4-6 通过产业大数据与人工智能赋能和服务产业生态体系

台黏性以及对整个生态圈的掌控力。

产业大数据价值实现五原则：

（1）数据实现闭环运营才有价值，静态数据价值微小。

（2）多方数据实现连接运营才有价值，单方数据价值微小。

（3）单方数据源头生产者的所有权确权、多方数据闭环运营的价值确定、价值分享契约的迭代，是产业级大数据的三大发展重点。

（4）产业大数据共同体，是发展趋势。

（5）产业级数据中心（IDC）是产业大数据的存储主体，产业互联网平台是产业大数据的运营价值挖掘、价值实现与价值分配的主体。

4.7.5 产业互联网转型是一个系统工程，需要综合专业服务

产业互联网转型是一项涉及理念思维转变、商业模式创新、机制改革、IT平台开发和新技术应用，以及增长运营的系统工程，需要"转思维、创模式、改机制、建平台"四维度推进（见图4-7）。

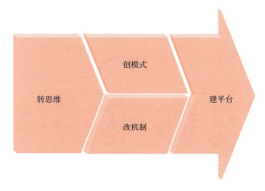

图4-7 四维度推动产业互联网转型

转思维需要从决策层到核心运营团队的理念转变，包括从企业家到产业家、从封闭到开放、从竞争到竞合、从竞争优势到生态优势的系列理念、共识的达成；创模式，包括对产业痛点/刚需场景的识别、对现状资源能力的评估、对产业存量资源的整合、产业链新价值的创造和盈利模式设计；改机制，包括产业互联网新公司的股权结构设计、运作机制的设计、产业链利益机制设计等，以最大化地激发平台企业管理团队的活力，以及产业链各方参与主体对平台的黏性；建平台，包括建立线上线下融合的产业互联网运营流程和 IT 系统，为持续的运营增长提供支撑平台。

因此，在产业互联网转型中必须做好系统规划和持续的运营落地。在整体商业模式规划下，进一步明确实施路径与阶段投入产出计划，保证模式、机制和平台搭建的关联协同；在实施落地阶段，需要 IT 平台建设、运营服务体系以及各种资源的导入与对接，因此，产业互联网平台企业必须学会有效整合外部资源，尤其是选择具有

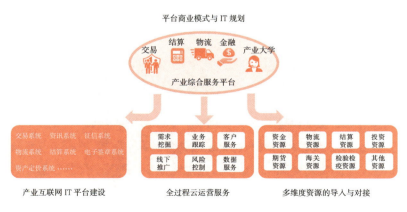

图 4-8 产业互联网综合服务模型

产业互联网综合服务模型（见图4-8）的专业机构共同推进，从而避免风险，少走弯路。

4.7.6 产业互联网在中短期不会寡头垄断，"细分市场整合"就意味着新模式公司的市值

产业体量巨大，To B（对企业）市场和To C（对个人）市场的模式完成不同，To B的复杂度使得难以快速形成寡头垄断。因此，聚焦部分细分产品品类、围绕部分客户或者区域能够做深、做透，实现产业互联网模式下的新价值创造和市场渗透，就可以取得一定的发展空间，并为未来进一步的产业整合、参股并购等提供标的。产业往往能容纳多家上市公司。

4.7.7 产业互联网发展不能急功近利，要有战略定力

产业的复杂度注定了产业互联网的整合是一个相对长期的过程，不可能像消费互联网那样快速实现指数级增长。因此，产业互联网企业一定要保持战略定力，不能一味追求快速指数化增长，而忽略产业资源在线化、可持续运营和不断优化。只有扎实地积累产业数据，稳妥地推进一个又一个有价值的MVP的落地，才有可能走得更远。

4.7.8 产业互联网公司的混合所有制改造将会成为一种趋势

产业互联网平台的发展，以及产业资源导入的重要性远大于单纯的资金投资。以产业链上的国有核心企业股权投资＋资源投入＋供应链结算资金，与核心管理团队或者产业链上的民营骨干企业形成的混合所有制产业平台模式，将会取代传统To B（对企

业)、To C(对个人)平台的风投模式,将民营企业体制机制优势和国有企业资源信用的优势进行互补,并进一步激发平台组织的活力,为产业链上下游客户提供真正有价值的服务。

4.7.9 关注产业互联网的共享价值观与行业治理规则的建立

在产业互联网平台建设的过程中,有三点非常重要。

1. 共建共享价值观沟通

让一部分首先连接上平台的 B 端先富起来,因为连接上来意味着在线、透明,与一个更大而且不断成长的信息透明体形成利益同盟,与一个供应链管理技术更强大的平台共享资源和技术,共同付出一些资源,共同开放一些关键信息,作战策略与行动一致。

2. 联合演习(深度沟通)

从打一场实战,证明生态圈的价值更大,到连起来以后打一场实战,要么价格卖得比自己单干更好,要么成本更低,效率更高,然后,更坚定地连上来,使更多信息和资源开放透明、更大规模地一起作战。于是,平台利他的同时,也获得加速增长。

3. 总结经验,形成行为规范或者组织革新

产业规则与治理,不是开会定出来的,而是实战打出来的并及时 AAR(事后回顾)。用治理级别的合作来降低交易级合作的不确定性与反复猜测中的交易成本,从交易级的合作再走向治理级的合作(合资、协议约定)。

第 5 章

产业互联网在不同领域的案例实践

随着产业互联网的实践推进，出现了各类由区域政府或者产业骨干企业打造的产业互联网平台。各种产业互联网平台依托不同发起方的产业资源优势蓬勃发展，百花齐放。例如，有行业龙头企业发起的，将积累的产业优势资源和核心能力通过平台开放化，打造产业级生产性服务业共享平台；有区域政府＋行业协会＋骨干企业共同打造的区县特色产业集群的产业互联网平台；有专业市场/贸易商/物流商等供应链枢纽企业打造的产业链集成服务平台；还有行业资讯网站或者 SaaS 解决方案提供商往产业链上游供应链服务延伸打造的产业互联网平台。由于各产业互联网平台发起背景和资源优势的不同，其发展路径也有所差异。这里选择一些我们曾参与实践的典型类型案例进行分析，提取共性的模式经验以供借鉴。

5.1 行业龙头企业的裂变式增长

所谓行业龙头企业，就是行业地位比较高、规模比较大，且对上游的供应商、下游的合作伙伴和客户都有着较强影响力的企业。一言以蔽之，它们掌握着比较多的行业资源，对行业的洞察和理解比较深，有的是大型央企、地方国企，有的是已上市的民营企业或者没上市的混合所有制企业，它们通过产业互联网裂变出一个子公司、一个事业部，不仅可以实现自己与数字经济结合的转型增长，还可以让内部的创新团队来持有新型子公司的股权，实现混改，实现管理层激励。

大型行业龙头企业发起推动的产业互联网平台，其特点是将过去在产业积累的客户、人才、技术等方面的综合资源优势和核心能力通过平台开放化，打造产业级生产性服务业共享平台，为产业链上下游企业进行赋能，以大企业带动产业链中小企业共同发展，实现产业链整体转型提升，同时自身也在传统业务之外打造出一家基于互联网的新模式公司，实现裂变式增长。

目前，我国已经有不少央企／国企或者行业龙头企业开展产业互联网实践。例如，宝武集团顺应制造业服务转型和产业链竞争的发展趋势，提出以钢铁业为主体、以绿色精品智慧制造和钢铁生态圈平台化服务为两翼的"一体两翼"战略，将原有大宗商品电子商务相关资源进行整合，打造欧冶云商钢铁产业互联网平台；国电集团将整个集团的煤炭集采服务平台对全行业开放，打造具有竞争力的电力煤炭O2O交易平台，优化煤炭产业链生态体系；陕煤集团发起煤炭生产综合服务平台——煤亮子，将在原煤生产服务领域的能力向全行业开放，打造面向全行业的煤炭设备物资及备品备件管理平台；中国电科三十六所打造"大禹云治"产业互联网平台，通过智能控制系统和污水处理系统等核心产品服务赋能产业链，致力于成为水环境保护产业的综合服务商。

行业龙头企业往往通过项目公司或者子公司模式发起产业互联网平台建设，继承了母公司已有的良好产业基因，产业上下游资源要素齐备，横向合作伙伴网络成熟，还具有稳定性好、资源要素丰富、企业架构完善、孵化周期短、投资风险小、资本退出容易等一系列优势。但是，也可能存在由于母公司的管控，造成决策周期长、市场响应慢、内部机制不灵活等问题。因此，建议对这一类平台从运作开始就给予特殊的政策支持以鼓励创新，同时随着商业模式的成功验证，可进一步开放员工持股和混合所有制改革，充分激发组织活力。

在混合所有制改革方面，欧冶云商的成功经验可借鉴。2017年，欧冶云商成功实施首轮股权开放和员工持股。2019年，欧冶云商宣布完成第二轮超过20亿元的股权融资，实现投后估值超过100亿元。欧冶云商通过混合所有制改革，引入各种所有制资本以及对核心员工的股权激励，促进国有企业转换经营机制，不仅和各类战略投资者形成很强的战略互补和协同效应，还充分激发了内部组织活力，为其他同类企业混改提供了可以参考的模板。

案例：煤亮子——煤炭生产服务业产业互联网平台

煤亮子是由陕煤集团神南产业发展有限公司（下文简称神南产业）打造的煤炭生产服务业的产业互联网平台。随着煤炭行业深入推进供给侧结构性改革，作为煤炭服务企业的神南产业拥有为煤炭企业服务的扎实功底，如何从企业端进一步走到产业端，扩展到为整个煤炭产业提供综合服务呢？2016年，神南产业开启了转型探索，以煤亮子命名的产业互联网转型工程，定位于生产运营服务、专业技术服务、机电设备配件供应服务、人力资源综合服务与金融服务并列运行的"4＋1"商业模式，立志于把煤亮子打造成为领先的煤炭服务行业产业互联网平台。平台于2018年6月开始试运行，在2018、2019、2020年逐渐实现销售收入过亿元、过十亿元、过几十亿元，计划2021年实现百亿元的目标。煤亮子是如何找到切入点，实现快速发展的呢？

作为一个产业互联网的平台，煤亮子同时连接产业链上游的煤机设备生产与经销企业和下游的煤矿及生产服务企业。2018年，煤亮子对业务发展重点进行了聚焦，确立了以"监管仓交易配送服务"和"闲置设备交易租赁服务"为核心产品，构建产业级设备物资交易平台，围绕设备物资供应链向上下游企业提供包含联合储备、货控监管、代理销售、委托采购、物流配送、交易结算等线上线下一体化服务，并驱动其他业务板块协同发展（见图5-1）。

图5-1 煤亮子平台界面

具体的做法分三阶段。

第一阶段：以服务切入产业链，用"联合仓储"和"供应链金融"两项服务来撬动，逐步建立产业现货交易平台，以服务介入产业交易。

第二阶段：在第一阶段的基础上，拓展和延伸服务范围，逐步开展诸如物流、技术服务、供应链管理等服务，建立产业级的矿用设备物资交易平台，将煤亮子打造为行业的"京东"，提升品牌影响力，对上下游客户产生黏性。

第三阶段：在有了前两个阶段的数据汇总和交易黏性之后，将进一步通过行业标准的统一和OEM（定点生产）等形式，在将煤亮子打造成矿用设备物资产业综合服务平台的同时，彻底改变行业内存在的运转效率低下、通用性差及标准不统一等问题，助推整个产业实现效率提升和产业升级。

在煤亮子平台发展的过程中，AMT团队自2018年开始为煤亮子提供持续的运营服务，其整体发展思路也借鉴了AMT产业互联网的方法论。

首先，存量资源的整合。整合现货库存资源，形成现货平台；整合资金资源，形成供应链服务平台；整合交易渠道资源，形成交易平台；整合生产运营、专业技术、人力资源，形成综合服务平台。

其次，新价值的创造。通过平台形成大数据资源，通过数据服务来指导供需双方，提升效率；还引入新技术，包括管理信息化、设备智能化等技术，构建起设备管理的智能化物联网络体系；持续将业务及创新管理能力拓展到煤炭行业的整体价值链和上下游产业，创造新价值。

最后，资本市场结合或者行业价值赋能。通过煤亮子将神南产业的综合服务能力智能化和智慧化，持续为整个行业提供新价值，形成全国B2B的知名品牌。

未来煤亮子将面对全国市场，神南产业将通过探索煤亮子平台发展新路径，推进混合所有和大数据管理，在"联合仓储""供应链金融"业务方面实现新突破，不断增强技术、服务实力以及对客户的吸引力和黏合度，提升区域影响力和经济效益。

5.2 区县特色产业集群的转型升级

"一只水桶能装多少水取决于它最短的那块木板。一只木桶想盛满水，必须每块木板都一样平齐且无破损。如果这只桶的木板中有一块不齐或者某块木板下面有破洞，这只桶就无法盛满水。"对于我国大量区县产业集群的中小微企业来说，面临的一个共同问题，即构成组织的各个部分往往是优劣不齐的，而劣势部分往往决定了整个组织的产出水平。因此，如何帮助这些中小微企业及时补上短板，实现进一步发展，我们提出产业互联网平台的虚拟木桶理论。

产业互联网平台的虚拟木桶理论是指每一家中小微企业发展过程中都拥有一些结构性木板，这些木板参差不齐。产业互联网平台通过搭建虚拟的木桶赋能产业中小微企业，平台自身提供一个托底的支撑作用，平台上的各个模块提供结构性木板（基础类共享服务）的补齐与功能性桶箍（增强类共享服务）的加固。中小企业链接到产业互联网平台后，便可借由平台提供的基础类服务补齐短板，增强共享类服务，加固木桶的承载度（见图5-2）。

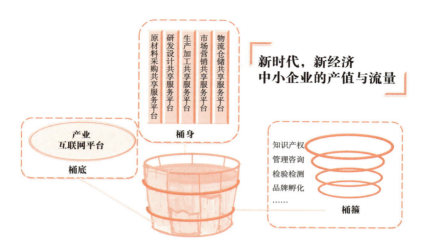

图 5-2 虚拟木桶理论

这其中，根据波特的价值链分类，原材料采购、研发设计、生产加工、市场营销、物流仓储等为桶身类基础环节，知识产权、管理咨询、检验检测、品牌孵化等为桶箍类增强型环节。产业互联网平台基于产业现状，按需整合这两大类服务，通过共享经济的模式，将服务一站式提供给产业链上的中小微企业，从而使中小微企业得以专业化发展和协作式分工，推动提升整个产业链的效率，系统降低产业链的成本，促进整个产业的转型升级。

产业互联网平台背后的支撑体系是"云、网、端"组成的线上与线下基础设施（见图5-3）。"云"是产业共享服务云，统一入口与数据，为企业提供打破时间和空间限制的各种服务与资源的协调和调度。"网"是汇聚各类线上线下集成服务的产业互联网共享服务平台；"端"是产业共享服务城，是一种提供配套生产性服务

图 5-3 区域产业集群转型发展

的新型产业园区,例如中小微企业发展需要的共享实验室、人才培训、物流仓储、检验检测等多种功能,促进园区内产业集约式发展。

产业互联网平台由一个区域内围绕特色产业的"一云一城"起步,探索出政府、平台、中小微企业、专业服务机构等多方共赢的商业模式。形成产业闭环后,逐步打破地域限制,扩大规模辐射全国乃至全球各个区域内产业资源,将各个区域的中小微企业链接加入平台,享受共享服务,并由平台统一调配各个区域的生产能力,进而将各地区的产业园区也逐步纳入产业互联网平台的网络,作为多个线下共享服务城(端),逐渐演变为产业的"一云多城"格局。通过产业共享服务云的建设,形成影响全国/全球的产业辐射力,实现 7×24 小时不打烊的生意运转。新型产业互联网平台作为该产业的虚拟总部,引领带动产业发展。

这是一个产业互联网的"跑马圈地"时代。对于每个区域产业集群的决策者来说,是否要产业互联网转型,是一个"得链"和"失链"的选择。通过建立产业互联网平台，可以将区域产业集群的连接整合，进一步扩展到其他区域的产业资源连接。比如，"山东蓬莱市启动苹果产业互联网平台建设，通过建设苹果产业集成式服务平台，打造立足蓬莱、辐射全国的苹果产业综合服务生态圈，把蓬莱建成为全国苹果的产业中心、数据中心和交易中心"。（摘自《今日蓬莱》2020-5-21）

目前已经有多个区县产业集群在推动产业互联网平台的建设。如福建省建宁县，这里是全国最大的单体县级杂交水稻制种基地，面积和产量均占全国的10%左右，通过打造种子产业互联网平台——禾众网，围绕全产业链的服务构建"科研服务中心、农机服务中心、生产管理中心、仓储物流中心、在线交易中心、供应链金融中心、种业大数据中心"7大中心的种业综合服务生态圈。计划3~5年内，彻底打通从种子培育、生产到销售的所有环节，实现种业产业的数字化种植、管理与销售，推动整个种业产业降本增效和创新发展。

再如青海省湟源县，青海省是"世界牦牛之都、中国藏羊之府"，湟源县具有厚重的"茶马互市"历史文化，如何充分发挥区域特色产业优势，解决"养殖繁育—活畜交易—屠宰加工—产品销售"全产业链存在的"低、小、散、乱"现象，青海三江一力农业集团联合当地金融控股集团共同打造"茶马互市"产业互联网平台，通过线上线下结合的牛羊活畜屠宰交易市场，实现"统一屠宰、统一检疫、统一标准、统一追溯、统一结算、统一品牌"，创建具备强大品牌拉动力的"茶马互市"品牌，提升中国牦牛和藏羊产业产值，推动中国牦牛、藏羊产业集群的转型升级。

还有山东省沂南县,这里是"全国肉鸭生产加工第一县、全国肉鸭加工基地县",占全国肉鸭总供给的21.67%。随着生态环保、食品安全等要求提升,产业利润空间大大压缩等困境,如何建设沂南县肉禽高质量发展的服务体系?目前沂南县正在进行肉鸭产业互联网平台——云禽网的建设。上游针对禽类企业提供"环保服务、养殖服务、培训服务、采购服务",以解决企业供应链难题;下游针对消费者食品安全、产品升级、深加工的诉求,提供"品牌营销、在线交易、安全保障、联合研发"的解决方案,建设贯穿科学育种、智能养殖、新型饲料、粪污处理、废物利用、智能加工、检验检疫、绿色认证、市场销售、物流仓储、质量追溯等全产业链的质量标准和技术实现体系。着力从"新技术、新模式、新业态"方面推动沂南县肉鸭产业转型升级,引导示范行业发展,成为全国标杆和知名区域品牌。

总结来说,这类产业互联网实践具有鲜明的区县产业集群特色,通过产业链的打通实现一二三产的融合。区县特色产业集群往往由当地政府支持,行业协会中的骨干企业以及当地国有投资控股集团如城投公司、产业引导基金等联合发起,具有熟悉产业生态、掌握产业关键资源要素、易获得政策倾斜和孵化期资源支持等天然优势,但是,由于区县产业集群往往地处偏僻,很难吸引到推动平台建设的专业人才,因此,通过引入外部的专业机构来进行联合运营,以及通过建立产业大学加强对当地产业人才培养非常必要,同时也需要避免发生政府决策缓慢、组织架构不稳定、落地执行效果差等问题。此外,还要保证这类平台的健康发展,必须设立合理的公司市场化运作股权架构和治理体系,考虑对核心管理团队的激励机制。

5.3 专业商贸市场的数字化转型

传统意义上的专业商贸市场是一种以现货批发为主，集中交易某一类商品或者若干类具有较强互补性或替代性商品的场所，是一种大规模集中交易的、坐商式的市场制度安排。其优势是在交易方式专业化和交易网络设施共享化的基础上，形成了交易领域的信息规模经济、外部规模经济和范围经济，从而形成商品的低交易费用优势。

专业商贸市场具有天然的平台优势和丰富的产业资源，通过数字化转型，将线下客户资源优势与线上平台一体化融合打通，可以为产业链上的从业者提供从交易、结算到仓储物流、供应链金融等领域的供应链服务。通过线上交易数据的累积，为交易双方提供信用保证体系，促进交易双方的强黏性服务，提升交易效率，大大降低交易成本。同时，通过专业市场汇聚行业资讯动态，发布价格指数和趋势报告等，为整个产业发展提供决策支持。

典型案例如全国棉花交易市场，以"服务棉花产业、促进规范流通"为目标，以棉花公共信息平台提供的大数据为基础，全面整合电子商务、物流配送和在线金融服务所产生的业务流、资金流和信息流，打造一体化的棉花供应链综合服务平台，与产业链各方共同构建中国棉业新型生态圈。又如海宁中国家纺城，坐落于"中国家纺装饰布产销基地、中国布艺名镇"——海宁市许村镇，是目前中国具有较高行业知名度和影响力的家纺布艺专业市场。中国家纺城正在全面推动产业数字化转型，通过家纺布艺产业互联网平台提供"1+2+5"的家纺产业综合服务体系，以"集采服务、设计服务、生产管理服务、质量标准服务、智慧仓储服务"5项产业链基础服务，建立产业柔性供应链体系，打造面向产业供应端的服务平台和面向需求端的客户平台,全面推动家纺产业的跨越式发展。

案例:全国棉花交易市场——打造新型棉业生态圈

全国棉花交易市场于1999年成立,以"服务棉花产业、促进规范流通"为己任,在做好政策性棉花交易组织工作的同时,努力为广大涉棉企业提供包括商品棉的交易、资金、监管、物流配送、结算、信息等供应链综合服务。随着国家棉花产业政策的调整、棉纺织企业转型升级步伐的加快以及现代信息技术的推广应用,全国棉花交易市场商品棉业务模式也迫切需要转型升级,以满足企业多样化业务需求。面对新的形势,全国棉花交易市场积极顺应"新常态、新棉业"的变化,携手AMT专业咨询机构,以棉花公共信息平台提供的大数据为基础,全面整合电子商务、物流配送和在线金融服务所产生的业务流、资金流和信息流,打造一体化的棉花供应链综合服务平台,与产业链各方共同构建中国棉业新型生态圈(见图5-4)。

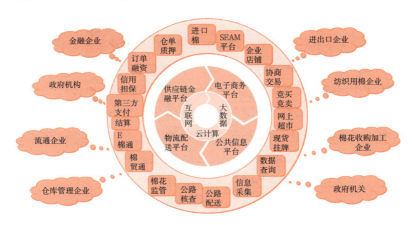

图5-4 新型棉业生态圈

1. 以"i棉网"为载体,打造全国棉花公共信息服务平台

棉花产业链条长,参与主体众多,加快实现产业数据资源的整合与共享,对促进我国棉花产业转型升级具有重要意义。全国棉花公共信息服务平台包含基础信息采集和数据查询两大模块,实现对棉农种植棉花、籽棉交售、轧花厂加工成包皮棉、仓库库存皮棉、货权变更、质量重量公证检验等信息的采集、查询和应用,从而为棉花种植者、收购加工企业、流通企业、纺织用棉企业、金融保险机构以及政府有关部门提供信息服务。通过从棉花生产到纺织企业消费的全产业链、全口径、全流程的棉花产业数据,为产业链上下游的产销精准衔接提供帮助,为国家棉花宏观调控提供可靠的决策依据。

2. 以"e棉网"为中心,打造棉花电子商务平台

棉花电子商务平台整合了交易市场国内外两大市场资源和国产棉、进口棉两大业务板块,为涉棉企业搭建了安全、高效、便捷的棉花O2O(线上线下协同)交易平台。其中,国产棉交易板块综合了交易市场现货挂牌、网上超市、竞买竞卖和协商交易等已有交易方式,同时新设了企业商铺板块,即涉棉企业可以在"e棉网"上自行发布棉花、棉纱等供求信息,并可自行匹配个性化商业需求;进口棉交易板块除了保留进口棉网上超市外,还部分整合了国际棉花资源,并配合交易市场提供的进口棉融资、物流配送、通关等配套服务,着力打造进口棉跨境电子商务。在棉花电子商务平台上,有多种交易模式可供客户自主选择,海量棉花资源可供企业自主查询,为涉棉企业提供一站式交易服务,全面提升客户体验,打造中国棉花电子商务新模式。

3. 以"e棉通"和"棉贸通"等网络融资模式为重点，打造在线供应链金融服务平台

全国棉花交易市场陆续开发出仓单质押融资、订单融资等多种资金服务模式，并分别推出"e棉通"和"棉贸通"等网络融资业务，取得良好效果。以"e棉通""棉贸通"等网络融资模式为重点，开发汇聚融资、结算、第三方支付、信用担保等多功能于一体的在线供应链金融服务，为涉棉企业提供更加多元化、便捷、高效、低成本的金融解决方案。其完善的监管体系、严密的风险防控模式、便捷的融资方式受到国家有关部门、合作银行和融资企业的高度肯定。

4. 以棉花第三方监管网络和体系为支撑，着力打造全国棉花物流配送平台

全国棉花交易市场已经构建起覆盖全国棉花主产销区和物流集散地的棉花第三方监管网络和体系，为适应棉花流通企业和纺织用棉企业对棉花物流配送业务的需求，全国棉花交易市场进一步构建棉花物流配送服务平台，建设全国棉花物流配送网络，积极探索棉花智能物流服务模式，为涉棉企业提供专业、高效、有竞争力的物流配送服务。

截至2018年底，参与交易市场业务的涉棉企业超过5000家，商品棉成交总量超过5000万吨，为涉棉企业、合作银行等提供规范的棉花监管服务3500多万吨，联合合作银行为涉棉企业提供直接融资服务1000多亿元，涉及1000多家涉棉企业，有效缓解了企业资金紧张状况，为服务"三农"、支持中小涉棉企业的发展做出了积极贡献。

5.4 由供应链枢纽企业向供应链集成服务商转型

在传统产业链中提供贸易、仓储、物流等供应链服务的企业，我们称之为供应链枢纽企业。供应链枢纽企业天然拥有对物流供应链的深入掌控，以及对于产业供应链上下游的客户、仓储、物流等线下资源的积累。基于这些优势，就可以考虑从以前比较单一的供应链某一环节的服务进一步拓展到供应链金融服务以及更多的生产性服务业，向产业供应链的集成服务商转型。

由供应链枢纽企业向供应链集成服务商的转型，其关键成功要素是要深入对产业的理解，从全产业链的视角对产业场景需求和痛点进行挖掘，在前期须做好产业互联网的顶层设计规划的同时掌握好供应链金融的风控能力。

案例：港粮网的创新探索

港粮网是辽港电子商务有限公司旗下垂直产业互联网平台，由大连港联合锦州港等共同发起，其目的主要在于实现辽宁港口传统业务的转型升级，建立基于互联网且面向全球资源与市场的第三方产业互联网综合服务平台（见图5-5）。通过整合大连港、锦州港的物流枢纽，联合铁运公司、海运公司、目的地港口，通过互联网实现资金、交易、货物全程动态可视化，让大宗商品的交易更简单、更高效、更透明。

1. 平台服务内容

平台服务内容主要包括线上及线下的交易服务、物流服务、金融服务、信息咨询等。

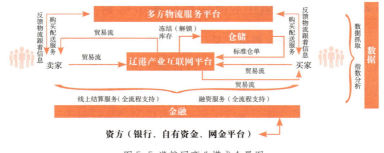

图 5-5 港粮网商业模式全景图

（1）交易结算：实现大宗商品互联网平台交易，突破传统现货市场的区域局限，扩大购销范围，提高市场占有率，并与多家银行合作，为会员提供资金结算服务。

（2）供应链金融：依靠大连港、锦州港的现有仓储体系，通过与银行共同指定交收仓库，有效地控制监管风险，完善供应链金融服务。在线融资服务，将物流业与金融业有机结合，实现电子仓单质押、冻结、解除的全线上操作，会员无须再办理传统质押操作的烦琐手续，真正实现T+0的用款方式，随借随还，降低企业融资成本。同时，依托平台进行交易，确认提供预付款融资、仓单质押融资、应收账款融资。融资链条延伸至商品装车或者装船，通过与目的港联动，将融资服务半径扩大到终端客户，减少会员的交易成本和资金压力。

（3）仓储物流：依靠大连港和锦州港的港航物流体系，通过平台的仓储部、货代部、交收部的物流规划能力和协调能力，为会员降低港口使用费、铁路运费、海运费，提高中转效率，规避物流风险，并充分发挥两港联动的"大仓储"优势，为会员统一调配货物,降低会员贸易成本,提高物流效率。

(4)信息:结合大连港、锦州港和目的地港的港口数据,创立产业数据库,对外发布权威报告,对大宗商品行业产业及产品、交易行情等方面进行深度分析评论,定期发布品种的价格指数等。

2. 标准化建设

为了最大限度地服务会员单位,通过业务操作标准化、物流运输标准化和风险管控标准化的建设,形成全方位的管控模式。

(1)业务操作标准化:涵盖从业务的前期准备、启动、操作以及完结等全部环节。对各参与方实行严格的准入制度,包含会员准入、金融准入和指定交收仓库准入等。

(2)物流运输标准化:主要分为四大部分,即仓储业务、铁路运输、集装箱业务及散货业务,无论是在途还是处于仓储状态,都实现监管全覆盖,并有效地与保险公司对接,实现投保流程标准化。

(3)风险管控标准化:在关键节点设置风险管控,在事前对市场及业务数据进行分析,强化准入机制;在事中加强价格及商品风险的管控,每日每品种盯市价,对挂牌交易进行实时监控,对仓储进行视频监控;事后设置会员评分及严格的审计,保证业务的延续性。

港粮网搭建具有高度公信力、信息化、标准化的产业供应链综合服务平台,为大宗商品产业链的各参与方提供集"交易、物流、资金、信息"四流一体的服务解决方案,成为国内乃至国际上具有影响力的大宗商品交易综合服务平台。

5.5 行业资讯平台/SaaS 解决方案提供商的产业互联网升级

在早期互联网的发展过程中，涌现出一批行业资讯平台，通常称为"××网"，为行业圈子提供行情资讯、价格指数等，积累了大量的行业用户信息和流量。由于缺乏服务深度和黏性，往往难以为继，因此，纷纷转型产业互联网，从提供撮合交易到产业链的集成服务。典型如爱锐网，早期是磨料磨具行业资讯网站，后被上市公司轴研科技收购，致力于打造工磨具产业互联网平台。

还有另一类行业 SaaS 解决方案提供商，基于长期在企业服务过程中对业务流程和痛点需求的洞察理解，以及客户大数据的积累优势，进一步往产业供应链服务延伸。典型案例如荷特宝，通过智慧食堂解决方案，提供在食堂门店端 SaaS 的智能收费以及供应商的 ERP 管理软件，进一步为园区及企业客户提供一站式、定制化的配套餐饮及综合服务解决方案，包括从餐厅设计规划、美食广场化运营到智能化系统应用，并战略合作了社会知名零售品牌及咖啡店、果汁吧、便利店等丰富的配套服务业态，打造 8 小时工作圈消费新场景。同时荷特宝整合上游供应链，通过源头采购，提供放心健康的全品类食材，联合团餐同行集中采购，降低成本。目前，荷特宝已累计为过亿人次提供餐饮服务。

不管是从行业网站升级到产业互联网平台，还是向 SaaS 解决方案提供商的转型，其关键成功要素是从整个产业链视角，对产业链痛点需求进行深度洞察，从而找准切入点，同时其核心团队也须从技术派向业务派全面转型。

5.6 产业互联网集聚区的打造

产业互联网平台将成为产业级的在线交易结算入口,并通过互联网模式突破区域限制,形成新的产业集聚。对于区域政府、产业园区来说,通过打造产业互联网集聚区,吸引和发展产业互联网平台型企业,一方面通过产业互联网平台带动区域实体经济的转型发展,另一方面产业互联网平台型企业本身也将带来互联网新经济的增长。因此,发展产业互联网集聚区将成为区域政府和产业园区的新型招商模式。

通过产业互联网集聚区将为区域带来数亿的税收增长,包括:(1)落户集聚区的产业互联网平台型企业税收。平台作为产业级的在线交易结算入口将产生大量的印花税收入,同时产业互联网平台不仅提供交易服务,也为产业链上下游提供金融、物流、质检等产业链集成服务,从而带来多种税收贡献。(2)提供产技融IT支撑和金融服务的PaaS平台税收。(3)带动区域内的金融机构和第三方服务机构的业绩和税收增长。

对于我国各区域的经济开发区、双创园区和政府招商部门来说,寻找大数据、人工智能、区块链等新技术企业来本地落户只是"点"状的招商模式,不如看看在所在区域有哪些特色优势产业和资源,如何通过扶持和引导这些特色优势产业互联网转型,一方面带动产业链上下游大中小企业整体转型升级,另一方面产业互联网平台型企业也将成为典型的互联网新经济企业,实现存量和增量的共同发展,实现产业链"线"和"面"招商模式创新。

案例：杨浦产业互联网集聚区的创新实践

上海市杨浦区得益于百年大学、百年市政、百年工业"三个百年"历史积淀的滋养，作为上海"四大品牌"创新发展引领区和国家双创示范基地，依托区域内科教人才和创新创业资源优势，已完成从"工业杨浦"向"知识杨浦""创新杨浦"的蜕变，然而在产业发展方面存在明显痛点：产业集聚不明显，特别是创业型企业偏多，龙头企业数量及规模不够，难以形成上下游联动发展格局；同时由于地处上海中心城区，载体发展空间受限，各高校的资源和人才优势溢出效应也不够充分。如何进一步提升产业发展能级，加强领军企业的引进与培育，实现新的产业集聚？

2018年7月，上海市杨浦区正式启动国内首个产业互联网集聚区的建设，通过在杨浦打造"产业互联网集聚区"，打造大中小企业融通发展特色载体，以基于互联网的"产技融"结合新双创模式服务实体产业，吸引和发展产业互联网平台型"独角兽"企业，实现"工业杨浦—知识杨浦—创新杨浦—产业杨浦"的转变。

杨浦产业互联网集聚区通过政策扶持、咨询服务、技术服务、PaaS平台、供应链金融基金、股权基金六个关键要素实现对产业互联网平台型企业的"招商引流—赋能提升—指数增长"（见图5-6），从而吸引其他地区的产业互联网龙头企业在沪设立双总部，以及培育发展产业互联网平台型"独角兽"企业。

1. 政策扶持

在现有杨浦区政策基础上综合应用创新发布"产十条"，从"开办有奖、入驻有奖、经营有奖、人才有奖、科研有奖、创新有奖、专利有奖、融资有奖、上市有奖、联盟有奖"十个方面吸引平台型

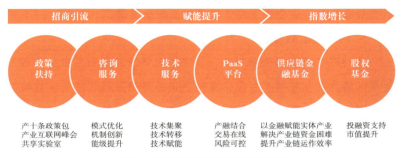

图 5-6 产业互联网集聚区的发展模式

企业落户集聚区。以年度的产业互联网峰会和展示产业互联网前沿研究、最佳实践和关键技术的共享实验室实现资源聚集和引流。

2. 咨询服务

通过咨询服务平台助力产业互联网平台企业商业模式优化和机制创新,实现从信息撮合为主的 1.0 阶段到 3.0 阶段产业链集成服务平台和 4.0 阶段的产业链创新与治理平台的能级提升,推动整个产业链的资源配置优化和转型升级。

3. 技术服务

通过位于杨浦区的上海技术交易所的技术交易功能型平台,集聚全球领先技术,结合垂直产业互联网平台实现产业技术转移和技术赋能,实现技术和产业的紧密结合,降低技术使用门槛,提升产业链整体技术水平,促进产业技术创新。

4. PaaS 平台

通过 PaaS 平台连接资产侧和资金侧,在资产侧为产业互联网平台企业提供交易保障、物流追踪、金融服务、信用体系等功能支撑,在资金侧为金融机构提供风控管理,通过基于真实交易的供应链金融服务,为资金进入实体经济提供安全通道。

5. 供应链金融基金

通过联合银行等金融机构,设立供应链金融创新基金。为落户集聚区的产业互联网平台型企业提供供应链金融风控体系设计的指导和审核,同时对通过风控验证的平台企业提供稳定的低成本的供应链金融结算资金,帮助平台型企业实现供应链金融服务的落地,推动产业互联网平台企业的快速发展。

6. 股权基金

产业互联网平台型企业在成长阶段需要大量的技术开发和平台推广的成本投入,通过专项的股权基金为产业互联网平台型企业提供投融资服务,帮助其解决发展瓶颈、提升市值。

第 6 章

产业互联网的 IT 解决方案

产业互联网的落地，需要相应的 IT 解决方案的支撑。要想设计 IT 解决方案，必须深入了解产业场景特征及其痛点，继而设计出符合需求的 IT 平台。本章基于 AMT 的产业互联网落地实践，介绍几种基于典型产业场景的 IT 解决方案设计思路，供读者借鉴。

6.1 大宗商品在线解决方案

大宗商品是指用于工农业生产与消费使用的大批量买卖的物资商品。同时，在金融投资市场，大宗商品也可作为期货、期权等金融工具的标的来交易，具有金融属性。大宗商品具体分为能源化工、基础原材料和农副产品三大类，如，能源商品有煤炭、原油、天然气、天然橡胶等，基础原材料有铁矿石、铝土矿、金矿、银矿等，农副产品包括玉米、稻谷、小麦、大豆、棉花等农作物。

6.1.1 大宗商品交易的典型特点和痛点

1. 标准化的交易和个性化的交收相结合

在交易和交收上,大宗商品的交易更多的是一种报价的方式,通俗来讲就是一种标准化的报价,所以,它的交易的标准化程度是比较高的,报价的频度也比较高,价格波动比较快,而且波幅也比较大。另外,价格又是相对比较透明的,且非常容易被查看,但是它的报价又是不透明的,因为报价是以匿名的方式进行的。所以,这种大宗商品的交易更多的是通过期货交易,或通过基差交易的报价来完成的。

但是,大宗商品最终还是要落地到实体产业的。它对具体的商品的品质,包括物流的配送有具体的要求,从交收来讲,个性化的程度又比较高。所以说,它是一种标准化的交易和个性化的交收的结合。

2. 资金金额大,实效性要求高,合规要求高

从资金的结算方面来说,结算的资金金额一般比较大,从几十万到上百万都有,而且都是单笔交易。大宗商品交易对到账的时效性要求比较高,因为它的价格波动比较快,需要资金到账以后合同才能生效。此外,它涉及企业的线上交易,对财务税务方面的合规性要求也比较高。

3. 运输成本占货值比重大,物流相对复杂

在物流配送上,大宗商品货值总体不是很高,所以物流的成本在整个货值上面占比相对比较大。对于一般的工业品或者终端的农产品物流费在货值当中的占比一般只有3%~5%,而普遍的大宗商品可能占到10%~20%,甚至更加特殊的大宗商品,比如沙石等,可能将近80%~90%都是物流成本。另外,其运输方式也比普通电商的物流要复杂得多,是通过一种多式联运的方式来完成的。物流中因为涉及很多货权的转移,甚至在做供应链金融时可能还涉及第三方对货权的管控和转移,所以,它对货权的管控要求也是比较高的,存在着一定的风险。

4. 垫资金额大,回款周期长

大宗商品交易对流动资金的要求比较高,因为它的垫资金额比较大。从回款上讲,因为它的物流比较长而且复杂,整个运输周期长,还会有一个账期的问题,所以说,整个回款周期也是比较长的。

针对大宗商品整个贸易过程的以上特点,如何利用产业互联网思维打造大宗商品供应链服务平台呢?AMT在长期实践中形成成熟的大宗商品解决方案,具体包括以下六项重点功能。

6.1.2 在线交易:支持交易场景下的多种业务模式

大宗商品产业互联网平台中的交易方式包括现货交收和订单交易。现货交收是指买卖双方发布高度特性化供求信息,并且点对点匹配自己交易需求的挂牌条目,进行议价交易。这种方式满足客户对货品的个性化(品质、交割地点等)需求。而订单交易是和大商所、郑商所对接的基于期货点价的基差交易模式,帮助客户锁定成本和利润,对冲价格波动的风险。这种方式既保证交收,又实现避险套利。此外,保证金交易制度配套金融服务能加快资金周转。

基于期现结合的交易服务,以及大宗商品报价比较灵活、快速、标准的特点和交收比较个性化的特点,进行交易组合,能快速进行价格的锁定和点价,又能进行各种个性化的交收,包括个性化的品质属性的设定、交货地的选择等。这是和以往的标准B2B电商不一样的交易模式。

6.1.3 电子签章和电子合同：防伪造，防篡改，线上签署，方便快捷

电子签章作为一种身份验证工具，可灵活应用于各种业务场景，如双方的合同签章、单方的文件签章等，作为业务环节中的一部分，能对业务起到提高效率、保障真实有效性的作用。电子合同受《中华人民共和国电子签名法》保障，具有足够的法律效力及高度权威性，其对应的数字证书由国家信息产业部批准的第一家全国性电子认证CA签发，能确保电子合同签署有效性。此外，电子签章的合同和货权凭证电子文件防伪造，防篡改，直观形象，便于保存与传送。

同时，与其他单独做电子签章的服务商不同的是，我们把技术手段和业务做了一个深度的整合，不光是线上订立的合同，交收流程的各种单据、结算单、物流交货的单据，也全部放到了线上，通过电子签章、实名认证的方式来解决线上订立的合同的法律有效性问题，也解决了篡改、伪造等问题。

6.1.3 在线支付结算：7×24小时大额快捷支付，安全可靠，手续费率低廉

针对线上大宗商品交易的资金结算特点，平台主要通过银行的多级账户体系来实现，在符合人民银行对于资金管理的合规性要求的前提下，实现了便捷实时的资金结算，可以做到7×24小时大额资金的实时结算，包括异地跨行，以及银行的回单等。另外，交易手续费与第三方支付相比也是非常便宜的。

大宗商品产业互联网平台中的在线结算模块（见图6-1）将通

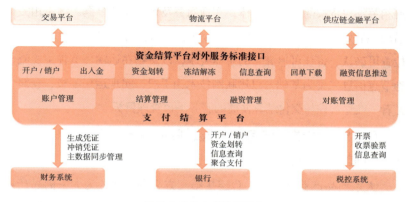

图 6-1 在线支付结算平台

用支付结算功能封装成对外服务的标准接口,无缝对接上层业务平台。此外,在线结算平台还支持与外部系统对接,可对接企业财务系统,如 SAP、金蝶、用友等,实现财务数据同步;对接各银行,实现资金划转和冻结;对接税控系统,实现在线发票管理。

6.1.4 在线物流管控:线上运输配载,仓储监管,全程可视化管控

这里的物流服务定位于产业互联网平台提供的第四方物流,更多地整合了产业的业务资源,还对接了很多第三方物流的服务机构,包括质检、理货公司、保险公司、操作服务商等,由它们来给平台上的客户提供具体的物流服务。

物流平台基于电商交易和需求,结合供应链金融、在线交易的特殊需求,集第三方物流相关服务的商务在线采购及监管、物流相关服务商的相关流程及活动任务的执行分配和监管、在线交易和供应链金

融相关物权货权的监管于一体，实现商务及贸易相关单据、物流相关活动、货权状态可视化的全程监管，并做到"来源可追溯、去向可查证、位置可确认、责任可追究"的总体要求，以货物在运输环节各主要流通节点信息采集为基础，以物联网技术为手段，实现运输配载、仓储监管、在途管控与交付结算便捷的服务平台管理目标。

6.1.5 在线供应链金融：通过四流合一，为资金进入实体经济提供安全通道

大宗商品产业互联网平台连接第三方金融机构，为大宗商品产业链中的企业提供静态/动态质押和基于产业链的应收账款保理业务（见图6-2）。供应链金融的模式非常多，包括实物质押、应收账款、票据、融资租赁等。不同的供应链金融的模式，包括不同的资金方，在业务的流程、风控的措施方面都会有不太一样的地方，但是，其最核心的是打通资产端和资金端。简单讲，就是资金端通过平台能够更好地监控实体的资产，保证资产和数据的真实性。怎么保证呢？

图 6-2 在线供应链金融模式

就是前文提到的实名认证、电子签章、线上的交易和结算、全程的物流管控和仓储等。以上功能把所有线下资产进行了线上化，通过平台就可保证资产的真实性和可控性，这种情况下再把资产推送给资金端的时候，就可以更好地帮助资金端管控风险。

6.1.6 区块链：保证上链数据真实，建立产业链的信任基础

区块链是信息技术领域的术语。从本质上讲，它是一个共享数据库，存储于其中的数据或信息具有"不可伪造、全程留痕、可以追溯、公开透明、集体维护"等特征。基于这些特征，区块链技术奠定了坚实的"信任"基础，创造了可靠的"合作"机制。将区块链技术运用在大宗商品产业互联网平台能保证产业主体的上链数据真实，同时依靠区块链技术的智能合约可保证多方主体共同参与的数字化合约安全、快捷（见图6-3）。

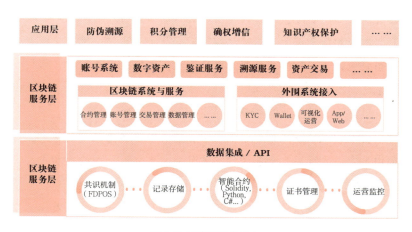

图6-3 区块链服务平台

综上所述，大宗商品解决方案既要具备主流电商平台的高效便捷，又要具备金融系统的安全稳定。它囊括了在线交易、在线结算、电子签章、在线物流管控、在线供应链金融等功能，同时还运用区块链的技术保证数据的真实性、可靠性，集合期货交易所、金融机构、港口码头等多维度的资源导入和对接，打通整个产业链条各个环节，为大宗商品广大从业者提供"交易、结算、物流、金融"的一站式服务。

案例：大宗商品A产业互联网平台的实践

A产业互联网平台主要经营食用油的大宗品类。食用油的产业链其实比较短，也比较简单。上游是大型榨油厂，包括中粮、益海、嘉吉等，基本上都分布在沿海地带。下游是内陆各种油脂消费型企业，比较小，而且比较分散。

大型榨油厂的原材料主要是进口的，从美国、南美等国家和地区进口大豆，然后在沿海的榨油厂进行压榨，再对内陆进行分销。它们的采购都是基于大宗物流和期货交易来完成的。境内油脂消费型企业，与油厂的贸易都是以现款现货的方式来进行的，而且是自主上门提货。

在这个产业链上存在哪些痛点呢？

首先，从交易来讲，油脂（包括原材料）价格波动非常大。比如中美贸易战以后，大豆的价格波动非常大，对国内的油脂也有很大的影响。

其次，小的贸易商需要现款提货，垫付资金的压力比较大。

最后，物流操作方面，它从沿海把货提到以后，自己组织物流运输到内陆,对小的贸易商组织调度能力要求比较高。这些都是油脂消费企业面临的问题。

通过以上大宗商品解决方案的实施,A产业互联网平台解决了哪些问题呢?

首先,帮助这些中小企业解决价格波动的问题。因为大的榨油厂主要是通过基差交易的方式来实现对销售利润的锁定,现在平台帮助中小企业进行线上的基差交易,帮助下游的小油脂企业提前锁定采购成本,降低对冲价格波动造成的风险。

其次,降低物流成本。原来的点到点的物流(汽运或者铁路)运输方式,价格非常透明,想要降低物流成本是非常困难的。A产业互联网平台采用了多式联运的方式,从沿海开始,先通过海运到达沿海港口(包括长江口的这些港口),然后再通过内河的水运,到达像武汉这样的一些节点,再通过铁路或者汽运的方式,到达内陆的重庆、成都、西安等地。通过多式联运的方式,可以把物流的整个综合成本降低20%左右。

最后,在油脂消费的终端,通过建立商品的库存,解决下游客户资金周转的问题。通过这种基差交易和多式联运的物流方式,把供应链从沿海的炼油厂延伸到了客户终端。客户上午在期货盘上基差点价,下午就可以安排在家门口进行提货,或者平台送货上门,即随用随提货的方式,减轻了客户垫付资金的压力。

这个案例里包含了基于基差的交易、多式联运的物流、供应链的金融,这些服务都通过A产业互联网平台提供给产业链上的客户,解决了这些产业链上中小企业的物流、资金等交易上的一系列问题和痛点。

6.2 多式物流在线解决方案

2019年9月,国家发改委、交通运输部联合印发通知,发布"2019年国家物流枢纽建设名单",一共有23个物流枢纽,包括东部地区10个——天津、上海、南京、金华(义乌)、临沂、广州、宁波(舟山)、厦门、青岛、深圳;中部地区5个——太原、赣州、郑州、宜昌、长沙;西部地区7个——乌兰察布(二连浩特)、南宁、重庆、成都、西安、兰州、乌鲁木齐;东北地区1个——营口。我们看到名单中的这些枢纽涵盖了陆港型、空港型、港口型、生产服务型、商贸服务型、陆上边境口岸型等六种类型,区域、类型分布相对均衡。

物流是物品从供应地向接收地的实体流动过程中,根据实际需要,将运输、储存、装卸搬运、包装、流通加工、配送、信息处理等功能有机结合起来实现用户要求的过程。传统的物流作业需要诸多人员频繁地面对面接触,若物流作业所需的报价、运输、管理等功能实现线上化、监控化、高效化,则不仅有利于保护广大从业者的健康,更能助力企业实现高效化、集约化、低成本化地发展,以及整个产业链条的降本增效。

AMT多式物流在线解决方案集交易、物流于一体,为货物的监收、物流服务的组织及采购、物流运输及仓储活动的执行监管、每个阶段及节点状态的变化和跟踪、货权接收和释放的管控、相关业务商务结算等提供完整支持(见图6-4),让整个贸易行业能够充分利用互联网、物联网技术,充分利用现代物流的优势,实现产业升级,提高竞争优势。

多式物流在线解决方案的产品功能不仅包括覆盖了前期物流委

第 6 章 产业互联网的 IT 解决方案

图 6-4 多式物流在线系统架构

托、报价,中期仓储、运输管理,后期费用结算的业务系统模块,还包括全流程的可视化监控系统模块,以及强有力支撑的参与方与基础数据管理后台系统模块等。

6.2.1 在线物流业务管理

在线物流业务管理包含客户、供应商的物流服务委托询价、报价、合同、费用结算等功能,并通过统一单据格式和内容,有效提高了现有物流业务的相关流程的效率和水平,提升了业务处理速度。

1. 报价管理、委托订舱功能

系统中的报价方式灵活,不仅有面向指定执行交易商的定向报价方式,还有面向平台内所有交易商的公开报价方式。而委托订舱功能则在通过系统审核后,可在线利用电子签章进行电子合同签约,不仅方便快捷,而且安全、可记录。

2. 在线仓储与运输管理

在线仓储与运输管理系统中的货物库存状态包括"持有库存"

"转出中库存""已转出库存"三种状态,这种动态标识方式能有效辨别货物的实时状态,便于仓储系统的货位分配及管理和运输任务的分配管理。此外,仓储系统功能还包括仓储的入库预约审核、流程管理、出库预约审核、库存盘点动态巡检任务的执行及管理、运作费用管理等。而运输管理还包括运输任务的下发和执行管理、动态跟踪、运作费用的结算等内容。

3. 在线物流费用结算

在线物流费用结算包含对账单确认、线上结算、发票管理、支付流水等功能。客户依据物流合同下的物流费用对账单来登记发票信息并确认。作为业务核心凭证,在线物流费用结算系统出具的发票的备注栏有发票对应的线上物流合同号、船名、航次、起始地、目的地、运输物品、重量等信息,保证物流合同、运输单据、资金结算、发票信息等完整对应一票运输业务。

6.2.2 在线物流可视化监控

在线物流可视化监控系统通过业务运作的单据数据、附件等进行可视化跟踪,不仅对业务运作过程中的物流操作及相关活动任务进行可视化管理,实现物流执行活动在地理范围、时间范围的可监控,还能进行货权、物权的实时可视化跟踪,保证库存的安全性。

6.2.3 参与方与基础数据管理后台系统

物流参与方的管理主要包括供应商注册、平台审核、权限管理和供应商评价等。供应商注册和审核是指物流及质检等相关服务商参与的在线注册及认证,而权限管理包含相关服务资料的维护与报价及业务资料管理等,供应商评价是指对参与方的服务资料评价管理。

物流基础数据管理主要包括港口信息管理、船舶信息管理和仓库信息管理。其中，港口信息和船舶信息均可通过后台系统进行添加、编辑、删除等，对于新增的批量港口和船舶信息，可根据系统的模板导入，避免多次输入。

此外，通过对系统中的参与方和港口、船舶等数据进行分析，可得到企业进出口业务的发展情况，为企业后续发展提供数据参考。

6.3 服务行业在线解决方案

在"互联网+"驱动下，研发服务、设计服务、金融服务、咨询服务等现代服务行业将从"封闭"走向"开放"，从"公司雇员制"走向"平台创客制"，从"线下竞争"走向"产业互联网"。通过互联网集聚全球创意、资金，在线发布需求，集聚分散的中小型团队及个体专业人员的智慧与创意，以悬赏和迅速匹配的方式找到精准的服务者，通过消除信息不对称来提高效率和降低成本。这种发展理念不仅能集中大中小服务企业或团队进行协同设计、内外合作，还能实现行业内的资源共享和虚拟仿真等技术的发展，是大众创新，也是共享机制。

AMT服务行业在线化解决方案，不仅能助力企业对内实现流程高效化、知识图谱化、系统人性化，还能对外实现资源共享化、产业互联化、行业生态化，打造高效、透明、安全、便捷、专业、实用的功能平台和生态圈。

在线化解决方案包括多层架构（见图6-5），其中前台不仅包括门户检索等基础服务、财务管理、综合管理等，还包括企业

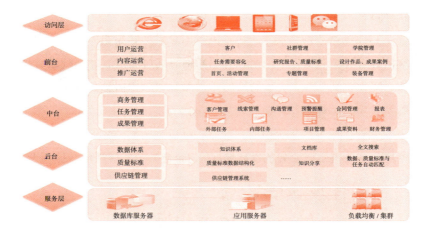

图 6-5 项目型企业 1+1+1 解决方案

业务人员的任务管理和客户的需求管理等;而中台则以项目管理为核心,解决核心业务链的整合管理问题,以知识中心来解决知识的收集、管理和利用,以流程管理和日常办公来解决职能部门的工作管理和流程审批,可应用在研发服务型、专业服务型、金融服务型和项目服务型等类型的企业中。

服务行业在线解决方案具有以下特点。

(1)众包众筹,在线交易:企业在线发布需求,集聚分散的中小型服务团队及个体专业人员的智慧与创意,精准匹配服务人员。

(2)协同设计:通过共享云平台,实现内外合作与协同共享,提高企业研发设计效率,降低人员往来成本。

(3)多地增长,资源共享:支撑服务业多地、多类业务合伙人立体增长,同时集约集中仪器设备、专业服务人员、服务需求、科技成果等服务资源，实现资源共享与资源利用率的提高。

（4）1+1+1，流程管理+项目管理+知识管理：通过前/中/后台系统，实现业务运作项目化、项目管理流程化、流程执行知识化。

案例：洛客——产品创新设计的众创平台打造

传统的设计类企业，一般的业务流程是线性的。需求方和设计方先确定设计方案，设计方再内部分工合作出方案，接着与需求方对接进行修改，最后设计方案完善后进行交接。这种传统方式能满足一定的市场需求，但是，当企业发展到一定规模后，这种商业模式难以突破瓶颈。洛可可这家行业领先企业乘着互联网浪潮的东风，寻求更加开放、共享的合作机制。

洛可可是全球最具规模的创新设计集团，在 2016 年，洛可可成立洛客科技有限公司，专注依托互联网基础设施，打造社会化产品创新平台。现在的洛客平台聚合了优质设计师与海量用户共同众创，从行业领导者迈向产业互联网，打造洛客平台，实现了线性发展到指数级发展。

洛客采用 CBD 平台化战略模式（见图 6-6），C 是终端用户，B 是商家或客户，D 是设计师，把这三者通过平台结合在一起，为三方提供最高效、最简短的设计创新平台，打造最高级、最简短的设计创新产业互联网平台。此外，为了保障洛客作为开放式众创平台的交付质量，洛客独创 7 级设计师邦德能力评估体系，评估来自全球的 5000 名专业认证设计师，基于产品设计师的经验、技能、评级、信用、奖项等 12 个维度形成的算法匹配最优设计师。洛客

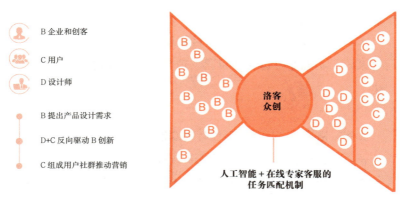

图 6-6 洛客的 CBD 平台战略

平台不只是雇用一个个"邦德"（设计师），还通过强大的中后台处理能力及"邦女郎"（综合助理）调动生态体系中的各类设计与服务资源，精确化匹配与平衡需求供给。

洛客打造的这种创新行业超级供应链，整合了设计师资源，顺应互联网时代分享经济的趋势。用户可以参与共同创作好产品，并传播/购买好产品，向全世界分享好创意，这也为设计师提供了一个全新的创新平台。

附录

产业互联网知识体系

产业互联网知识体系由产业互联网研产投联盟牵头组织编写，从"5W+1H"的维度就产业互联网的 What（什么），Why（为什么），Who（谁），Where（哪方面），When（什么时间），How（方式）这 6 个维度回答 7 种参与主体——行业骨干企业、行业中小企业、地方政府、产业园区、行业协会、金融/投资机构、专业研究/服务机构遇到的种种困惑与疑问，旨在为产业互联网各方参与主体提供一套实践指南，系统性地梳理出参与搭建产业互联网过程中需要思考的核心问题，并通过知识体系的不断深入研究与迭代，给予产业互联网各方参与主体最前沿的理论框架指导。通过深入实践的"真研究"，解决产业互联网发展过程中遇到的"真问题"，进而构成对现有商业发展知识理论的"真互补"。

1. **产业互联网的概念**

    1.1 产业互联网的定义

    1.2 产业互联网与相关概念的联系与区别

        1.2.1 产业互联网与供应链创新

        1.2.2 产业互联网与消费互联网

        1.2.3 产业互联网与电子商务

        1.2.4 产业互联网与企业互联网

        1.2.5 产业互联网与行业互联网

        1.2.6 产业互联网与工业互联网

    1.3 产业互联网的发展背景、演进过程、挑战与机遇

        1.3.1 产业互联网的发展背景和演进过程

        1.3.2 当前产业互联网发展的挑战与机遇

    1.4 产业互联网的价值

        1.4.1 对产业发展的价值

        1.4.2 对产业骨干企业的价值

        1.4.3 对产业链其他各方参与主体的价值

        1.4.4 对区域经济发展的价值

2. **产业互联网的存在基础**

    2.1 产业互联网相关国家政策

        2.1.1 "互联网+"与双创

        2.1.2 供给侧结构性改革

        2.1.3 供应链创新与应用

        2.1.4 区域经济一体化

        2.1.5 一带一路

2.2 产业发展状况

    2.2.1 产业结构与布局

    2.2.2 产业政策与法规

    2.2.3 产业发展状况

    2.2.4 产业国际发展状况

2.3 产业互联网的理论支撑

    2.3.1 竞合理论

    2.3.2 竞争边界理论

    2.3.3 平台经济 / 共享经济

    2.3.4 价值链与价值网

    2.3.5 和谐管理理论

3. 产业互联网参与主体的角色与作用

3.1 地方政府

3.2 产业园区

3.3 行业协会

3.4 骨干企业

3.5 中小微企业

3.6 金融机构

3.7 投资机构

3.8 专业研究服务机构

4. 产业互联网开展的前提条件

4.1 产业特征与产业互联网

4.2 产业链环节与产业互联网

4.3 产业互联网搭建的资源与能力要求

4.3.1 产业互联网关键资源需求

　　　　　4.3.1.1 客户资源

　　　　　4.3.1.2 人才资源

　　　　　4.3.1.3 金融资源

　　　　　4.3.1.4 技术资源

　　　4.3.2 产业互联网核心能力要求

　　　　　4.3.2.1 产业洞察能力

　　　　　4.3.2.2 资源整合能力

　　　　　4.3.2.3 平台赋能能力

　　　　　4.3.2.4 技术实现能力

　　　　　4.3.2.5 运营管理能力

5. **产业互联网发展的不同阶段特征和问题**

　　5.1 产业平台搭建

　　5.2 产融结合

　　5.3 产城结合

　　5.4 产业平台间融合

　　5.5 不同产业平台跨界融合

6. **产业互联网如何做**

　　6.1 背景和初心

　　6.2 产业痛点/刚需场景及倍增机会识别

　　6.3 战略定位及路径选择

　　6.4 商业模式设计

　　　6.4.1 存量资源整合

　　　6.4.2 新价值创造

6.4.3 盈利模式设计

6.5 治理机制设计

 6.5.1 股权结构设计

 6.5.2 治理体系设计

6.6 运作机制设计

 6.6.1 组织架构设计

 6.6.2 业务流程重组

 6.6.3 动力机制设计

 6.6.4 产业链利益机制设计

 6.6.5 文化价值观打造

 6.6.6 产业平台治理

6.7 技术支撑平台建设

 6.7.1 应用架构：轻前台、强中台、大后台

 6.7.2 数据架构：大数据的采集与分析应用

 6.7.3 技术架构

 6.7.4 核心子系统

  6.7.4.1 交易结算系统

  6.7.4.2 物流系统

  6.7.4.3 供应链金融系统

  6.7.4.4 技术/知识服务系统

 6.7.5 互联网和人工智能新技术的引入和使能

6.8 实施路径和推进计划

 6.8.1 产业互联网实施路径

 6.8.2 产业互联网推进计划

6.8.3 产业互联网各阶段投入产出计划

　　6.8.4 实施过程协同保障机制

6.9 实施过程风险识别与控制

　　6.9.1 政策法规影响

　　6.9.2 供应链金融风控

　　6.9.3 平台机制弱化

　　6.9.4 资源投入风险

　　6.9.5 数据安全风险

7. **产业互联网关键问题探究**

7.1 产业互联网人才基础

　　7.1.1 产业家思维与领导力培养

　　7.1.2 产业人才吸引与培养

　　7.1.3 产业人才标准与认证

　　7.1.4 产业大学赋能平台建设

7.2 供应链金融

　　7.2.1 供应链金融的风控模式

　　7.2.2 供应链金融的技术实现

　　7.2.3 供应链金融的资金对接

7.3 产业互联网投资

　　7.3.1 产业互联网企业估值模型

　　7.3.2 产业互联网投资策略

7.4 产业互联网模式下的法律法规问题

　　7.4.1 产业平台间数据共治与安全合规问题

　　7.4.2 众创模式下的知识产权问题

7.4.3 众包模式下的员工关系与劳动法

7.4.4 新商业模式下的政策监管问题

8. 产业互联网典型实践

8.1 不同产业的转型实践

8.2 不同背景的转型实践

8.2.1 行业龙头企业的裂变式增长

8.2.2 区域特色产业集群的转型升级

8.2.3 专业商贸市场的数字化转型

8.2.4 供应链枢纽企业到供应链集成服务商转型

8.2.5 行业资讯平台的产业互联网升级

8.2.6 行业 SaaS 解决方案商向供应链服务延伸

8.3 产业互联网集聚区的创新实践

8.4 国际标杆的转型实践

9. 政策法规的建议

特别鸣谢

这本书的内容是在浙江清华长三角研究院产业互联网研究中心、AMT（企源科技）、浙江清源信息科技有限公司、西利企源（上海）信息科技有限公司、产金（上海）科技发展有限公司、西交利物浦大学和谐管理研究中心等多个产业互联网案例研究和咨询服务实践基础上总结提炼形成的。产业互联网研产投联盟专家为本书的编写提供了大量的内容建议和知识贡献。

浙江清华长三角研究院是具有先进水平的新型创新载体，由浙江省人民政府和清华大学共同组建。旗下产业互联网研究中心致力于以"理论研究＋实践示范"双核驱动，全面服务于国家供给侧结构性改革，推动实体产业转型升级，支撑区域协同创新。

AMT致力于成为中国产业互联网转型的引领者，基于20年的"管理+IT"前沿研究和咨询服务实践，以及数百家产业互联网平台的服务经验积累，为区域政府、产业园区和行业骨干企业提供从"顶层设计—IT平台建设—综合运营"的产业互联网转型全面赋能服务。

浙江清源信息科技有限公司由浙江清华长三角研究院与AMT共同投资成立，致力于成为中国产业互联网咨询—运营—孵化的集成化服务高端平台。

西利企源（上海）信息科技有限公司是由西交利物浦大学与AMT结合双方产业和教育资源优势联合打造的产教融合公司，依托西交利物浦大学与AMT共建的"产金融合学院"，通过与区域政府、园区、协会、产业平台企业等共建"产业大学"，服务千万产业人的终身学习与可持续发展，打造教育和产业间紧密衔接的产业数字化人才供应链。

产金（上海）科技发展有限公司由国家技术转移东部中心、上海技术交易所和AMT等聚合各方优势共同成立，致力于以产业、技术、金融多要素的综合创新，通过产业互联网集聚区的建设和运营，推进政府、园区、企业、金融机构协同实现产业链优化与产业集聚。

西交利物浦大学和谐管理研究中心秉承"有实践的理论、有理论的实践"的理念，通过高质量的研究与互动，赋能不同类型的企业创造价值，并促进多个行业持续转型升级，营造创新生态，促进创新发展。

产业互联网研产投联盟是由产业互联网领域的研究者、实践家、投资家共同发起的产业互联网开放创新平台，通过研究＋实践＋资本的互动融合，致力于发掘和扶持一批有质量、有市值的产业互联网企业。

感谢以下专家为本书内容提供知识贡献：

汪应洛： 中国工程院院士

席酉民： 西交利物浦大学执行校长、"和谐管理"理论提出者

亚当·M. 布兰登勃格（Adam M.Brandenburger）： "竞合"理论提出者、AMT 特聘专家

王　涛： 浙江清华长三角研究院院长

谢吉华： 国家技术转移东部中心总裁

颜明峰： 上海技术交易所总裁

钟鸿钧： 产业互联网研究者联盟理事长、上海财经大学战略与经济学教授

马士华： 产业互联网研究者联盟发起人、华中科技大学管理学院教授

冯耕中： 产业互联网研究者联盟专家、西安交大管理学院院长

陈威如： 产业互联网研究者联盟专家、阿里巴巴产业互联网中心主任

吴绪亮： 产业互联网研究者联盟专家、腾讯研究院资深专家兼首席经济学顾问

袁　季： 产业互联网研究者联盟发起人、广证恒生总经理、首席研究官

杜　峰： 产业互联网实践家联盟理事长、好商粮董事长兼 CEO

孔祥云： 产业互联网实践家联盟发起人、AMT 董事长

傅仲宏： 产业互联网投资家联盟理事长、达晨财智合伙人

卢　荣： 产业互联网投资家联盟常务副理事长、越秀产业基金总裁

拜晓东：产业互联网投资家联盟秘书长、浙江清华长三角研究院产业互联网研究中心副主任
张晓军：西交利物浦大学领导与教育前沿院院长
刘　鹏：西交利物浦大学和谐管理研究中心执行主任
周　霆：产金（上海）科技发展有限公司高级副总裁
文远东：创客时代媒体创始人
李　立：摩贝联合创始人
崔　程：陕西青年企业家协会会长、大程集团董事长
吴振勇：山东云禽网络科技有限公司（云禽网）总经理
吴仁晖：建宁禾众种业科技有限公司（禾众网）董事长
冯荣泉：中国电子科技集团第三十六研究所所长、大禹云治发起人
叶　诚：山东汇农苹果产业电子科技有限公司董事长
王玉栋：山东汇农苹果产业电子科技有限公司总经理
徐美竹：中国宝武党委宣传部副部长、企业文化部副部长、宝武党校副校长、宝武管理学院副院长
孙康勇：产业互联网研究者联盟发起人、日本一桥大学战略与创新管理副教授
韩玉兰：产业互联网研究者联盟发起人、上海财大组织行为学与领导力教授
李　平：产业互联网研究者联盟专家、宁波诺丁汉大学李达三首席教授
李培旭：产业互联网研究者联盟秘书长、上海电气集团孵化业务总监、原清华大学天津高端装备研究院洛阳先进制造产业研

发基地副主任

李　宁：产业互联网实践家联盟专家、江苏汇鸿国际集团股份有限公司总裁助理

彭晓松：产业互联网实践家联盟专家、北京生态设计与绿色制造促进会高级专家

张　富：产业互联网实践家联盟专家、华采科技创始人兼CEO

孙　彤：产业互联网实践家联盟专家、农产品集购网CEO

施纪鸿：产业互联网实践家联盟专家、新秀集团创始人

赵建民：产业互联网实践家联盟专家、汽配猫执行合伙人

吴联银：产业互联网实践家联盟专家、特步（中国）有限公司副总裁

张颜慧：产业互联网实践家联盟专家、上海格革加网络科技有限公司总经理

李　涓：产业互联网实践家联盟专家、杭州帘结品牌管理有限公司总经理

潘　旻：产业互联网投资家联盟副秘书长、原红杉资本董事总经理

鞠　全：浙江清华长三角研究院浙华投资平台副总经理

孟令云：产业互联网投资家联盟专家、广州国企创新联盟秘书长

苏立峰：产业互联网投资家联盟专家、硅谷天堂高级合伙人

张小龙：产业互联网投资家联盟专家、兴富资本合伙人

盛　森：产业互联网投资家联盟专家、杭州湖畔宏盛基金合伙人

李　炜：产业互联网投资家联盟专家、深圳市中瑞汇川投资发展中心董事长

陈　宇：产业互联网投资家联盟专家、中信环境产业基金董事总经理

王　欣：产业互联网投资家联盟专家、鸿为资本合伙人
钟　实：产业互联网投资家联盟专家、36氪基金合伙人
李文波：产业互联网投资家联盟专家、雄牛资本高级合伙人
王　峥：产业互联网投资家联盟专家、上海或然投资管理有限公司总经理
赵　勇：产业互联网投资家联盟专家、零一创投管理合伙人
晏小平：产业互联网投资家联盟专家、晨晖资本创始管理合伙人
朱迎春：产业互联网投资家联盟专家、钟鼎资本合伙人
张　杰：产业互联网投资家联盟专家、深圳玖昔科技发展股份有限公司董事长

感谢以下同事在本书编写过程中提供支持：

李　禺：浙江清华长三角研究院产业互联网研究中心副主任、AMT企源新联联合创始人
沈震远：AMT企源新联联合创始人
王　军：AMT企源新联副总裁
林文郁：AMT企源新联副总裁
谢赞恩：AMT（企源科技）高级合伙人
祁德君：AMT（企源科技）高级合伙人
黄　培：AMT（企源科技）高级合伙人
常　毅：AMT（企源科技）合伙人
徐　军：AMT（企源科技）高级合伙人

陈鹏飞：AMT（企源科技）合伙人
隋学前：AMT（企源科技）合伙人
陈京雷：AMT（企源科技）合伙人
崔　田：AMT 企源新联运营经理
徐志科：西利企源（上海）信息科技有限公司董事
张志军：AMT 企源新联解决方案总监
周兰珍：西利企源（上海）信息科技有限公司高级顾问
陈玥如：AMT 企源新联运营专员